真説　幕末動乱史

狂気の勤皇思想がもたらしたもの

原田伊織

※本文中の年月は旧暦で、年齢は注記のない限り数え年で表記しました。

※本書は2020年3月に小社から刊行された『知ってはいけない明治維新の真実』（新書版）を、単行本化にあたり改題の上、再編集したものです。

真説　幕末動乱史
狂気の勤皇思想がもたらしたもの

目次

第三章　戦争でも内乱でもない「戊辰戦争」

序章　歴史の検証を阻む薩長史観

薩長《さっちょう》史観という言葉をお聞きになったことがあるでしょうか。

薩長とは、薩摩（ほぼ今の鹿児島県）、長州（ほぼ今の山口県）を略した表現で、正確には「薩摩長州史観」というべきかも知れません。

徳川幕府（江戸幕府）を崩壊させ明治政府を樹立した勢力の中心は、薩摩藩と長州藩（萩藩）でした。この薩摩藩と長州藩の視点でみた幕末動乱から明治新政府樹立に至る歴史叙述と歴史解釈を、「薩長史観」といいます。

少し間を置いて、土佐藩、肥前佐賀藩が倒幕活動の中核に加わったところから、徳川幕府を倒して明治政府を立ち上げた、いわゆる「明治維新」というムーブメントの担い手を「薩長土《さっちょうど》肥《ひ》」と表現しています。

実際には、武力を行使してでも幕府を倒そうとした先行勢力は、薩摩、長州と芸州（安芸《あき》）広島藩ですが、倒幕運動が現実の「討幕」軍事行動のうねりとなってからは過激派勢力の強かった土佐藩、近代工業化の面で幕府に次いで進んでいた佐賀藩が中核勢力に加わったのです。

では、薩長土肥が主導して幕府を倒し、明治新政府を創った後、この四藩の関係はどうなったのでしょうか。

徳川幕府を倒し、新しい政府を創るというこの一連の動きを、前述した通り「明治維新」と呼んでいますが、これは単なる政治的な覇権争いであったのです。世界の学者も明快に否定しているように、これは革命でも世直しでもありません。これを革命であるとして美化してきた歴史観こそが、薩長史観の髄なのです。

このことについては追い追い述べていきますが、明治新政府が成立すると、薩長土肥の間で醜い主導権争いが勃発します。最終的にこの権力闘争に勝利したのが、長州と薩摩なのです。土佐と肥前が敗れたというのは必ずしも妥当な表現ではありませんが、少なくとも明治新政府の主導権を握ったのは、長州と薩摩でした。特に長州が絶対的に優位なポジションを占め、その後の日本は最終的な勝者である長州が政治的に支配する形で対外戦争に明け暮れる時代を経て、今日までの歴史を刻んできたのです。

薩長史観とは、政権の中枢を占めた長州と薩摩からみた歴史観という意味ですが、令和の今日でも公教育で教えている我が国の幕末以降の歴史は薩長史観によるもので、「官軍教育」ともいわれていますが、批判的なニュアンスを込めて「鞍馬天狗史観」、或いは「日本の夜明け史観」とも呼ばれることがあります。

その歴史観に従って私たちは、明治維新という出来事以降の時代、即ち、明治時代以降を「近代」と呼ぶように教育されてきました。令和という現代は、まさにその「近代」の最中《さなか》にあるのです。

この近代という時代呼称を使う時、私たちが受けてきた教育、今も公教育として施されている教育では、近代＝先進的という意味を色濃く含ませて教え込んでいます。

言い換えれば、近代より前の時代＝前近代は「後進的」な時代として否定すべきものという教育が、今もなお施されているのです。

このことは、明治新政府が中央集権体制を採ったこともあって、日本列島の津々浦々、辺境の分校における教育にまで、見事に徹底されてきました。

洋の東西を問わず、古来、戦《いくさ》の勝者が「歴史を書く」ことは、ごくごく普通のことでした。多くの場合、勝者はその戦と戦に至ったプロセスの正当性を説くのです。このことは、中国史においても西洋史においても何ら変わりはありません。

戦の勝者がそれを行うことについて、それは誤りだ、間違いだなどということに殆ど意味はないのです。一つには、正義というものにも普遍性がないからなのです。

このように述べますと、正義はいつの時代でも正義であろうと、意外に思い、異議を唱える方も多いことでしょう。

しかし、令和という新しい時代に入っている今、私たちが正義としている価値観や思想、行為は、殆どが西欧の価値観によって正義とされているに過ぎないのです。それは、西欧文明が他の文明に勝利した歴史が存在することを示しているのです。

正義の基準とは、意外に脆《もろ》いもので、時にそれは揺れ動くということを知っておかなければなりません。

問題は、勝者の書いた歴史は一定期間を経て一度は検証されるべきであるという、宿命ともいうべき性格をもっていることです。

人類の歴史を紐解けば、実に健全なことに、どの民族でも五十年、百年という時を経てそれを行っているのです。ゲルマン民族がヒトラー台頭の歴史を自ら厳しく凝視《みつめ》直したことも、身近な一例といえるでしょう。共産化される前のかつての中国にも、「歴史の評価は百年を経ないと定まらない」という意味の慣用的な言い方がありました。

ところが、ひとり近代日本人のみが、これを行っていないのです。

いや、例えば、広島、長崎への原爆投下という悲劇について、

「二度と過ちは繰り返しません」

と誓っているではないかという反論があるかも知れません。

しかし、これは実に奇妙なフレーズではありませんか。私どもの世代は、幼い時からこの言葉を嫌というほど聞かされて育ち、今も八月になるとこの言葉はメディアを通じて露出頻度が高まります。少年時代の私は、これを唱える学校の先生に激しい反撥を覚えたものです。

このフレーズにいう「過ち」とは、何のことでしょうか。原爆投下のことでしょうか。い

や、だとすれば、私たち日本人が「繰り返しません」と誓うのはおかしいということになります。それを誓う必要があるとすれば、それはアメリカ合衆国国民でしょう。

あの二発の非人道的といわれる殺人兵器を非戦闘員である日本人市民に対して使用したのは、アメリカ人です。裏でイギリス首相のチャーチルが強力にこれを主張し、推進したことは歴史事実として明らかにされていますが、チャーチルに従って原爆を日本人に使用した直接の「犯罪者」はアメリカ人です。

このことは、明々白々な事実であり、つい昨日のことであって「アメリカ人が原爆を投下した」という事実については、何人《なんぴと》もこれを否定することはできません。

いや、この場合の過ちとは、原爆投下を招いた戦争のことをいっているのだとする見解があります。おそらく、このフレーズの解釈としてはこれが主流でしょう。

二度と他国を犯す戦争は止めようというだけなら、私も全く同意です。そもそも一部の狂人のような者と特定の偏った思想をもつ者を除いて、侵略戦争賛成などと主張する人がいるはずはないと思うのです。

ところが、先のフレーズが「原爆投下を招いた戦争」のことをいっており、日本人として二度とそういう過ちを繰り返さないでおこうと誓っているのだとすれば、私たち日本人は原爆投下は私たち日本人にそもそもの原因があると宣言していることになります。自分たちがあの戦争を仕掛けなければ、原爆投下はなかったのだと。つまり、悪いのは私たちであったと悔いているのです。

もし、あのフレーズの意味するところがそうだとすれば、それもおかしなことです。繰り返しますが、原爆を投下したのはアメリカ人です。私は、原爆投下だけではなく、東京大空襲も、大阪、名古屋、徳島、青森、富山等々、日本列島各都市への空襲も、武器も何ももたない非戦闘員を無差別に殺戮《さつりく》することを明白に意図して行っている点で、重大な戦時国際法違反であり、重大な「人道に反する犯罪」であると認識しています。つまり、ルーズベルトやトルーマンは、ヒトラーと全く同列の戦争犯罪人であるということなのです。チャーチルを同列に並べるべきことも、論理的に当然でしょう。

因みに、市民への無差別空爆によって死者を一人も出さなかったという地域は、四十七都道府県で一県もありませんでした。

こういうことを述べますと、直ぐ私が大東亜戦争（アメリカの表現では「第二次世界大戦太平洋戦線」）を賛美していると非難する短絡的な論がありますが、それは論理的ではありません。

私が指摘しているのは、米軍による非戦闘員の無差別大量殺戮のことであり、そもそも大東亜戦争が勃発したのは何故《なぜ》かという問題とは全く別に扱うべきアメリカの国家犯罪であるということなのです。

即ち、日本人が日本の内なることとして考えることに限定したとしても、大東亜戦争に走った原因、歴史的背景を具《つぶさ》に検証して世界の後世に資する形で整理、引き継いでいくのは私たちの民族としての責務ですが、それに対して原爆投下に代表される戦争犯罪は、それとは独立してアメリカ人とチャーチルが戦争犯罪人として裁かれるべき人道問題であるということなのです。

ここに、戦の勝者が歴史を書くということについて二つの問題が混在しています。そして、それは今もなお全く検証して整理されていないのです。

昭和二十（１９４５）年以降、日本の教育、特に歴史教育を支配してきたのはＧＨＱ（連合国軍最高司令官総司令部）です。この問題は、それこそ今日の私たちの生活、子供たちの学校生活のあり方に直結する問題であり、つまりはこの国の将来を決する問題であり、本書の全編をこれに費やしてもまだ事足りないことなので、ここでは簡潔に述べるに留めます。

そもそもＧＨＱとは、日本が受諾したポツダム宣言を執行するために設置された連合国の機関です。では、無条件降伏した日本を管理する最高意思決定機関はどこだったのでしょうか。

それは「極東委員会」です。

「極東委員会」は、アメリカ、イギリス、ソビエト連邦、中華民国、カナダ、オーストラリア、ニュージーランド、フランス、オランダ、イギリス領インド、アメリカ領フィリピンの十一カ国で構成されました。後に、ビルマ（今のミャンマー）とパキスタンが加わり、十三カ国となりました。この時点で、インドはイギリス領、フィリピンはアメリカ領の、共に隷属国家として参加していることを知っておく必要があります。つまり、十三カ国とはいっても、それらは対等な立場ではなかったということです。

この極東委員会とGHQとの関係は、極東委員会が決定した対日占領政策を実際に遂行する機関がGHQであるという、いわば上下の関係にあります。組織である以上、明確に上下が存在するのは当然のことです。ところが、これは単なる「形式」或いは「建て前」であって、実際にはGHQが極東委員会に従ったことはまずありません。

このことは、今述べました極東委員会の顔ぶれをみるだけで理解できます。

実質的に日本の占領をすべて執行したのは、GHQでした。その最高責任者がアメリカ陸軍のダグラス・マッカーサー元帥であったことは、如何に平成・令和の日本の若年層でも名前ぐらいは知っているでしょう。歴史という時間軸の上では、つい数日前の出来事といっても誇張ではないわけですから。

マッカーサーは、昭和二十年八月十四日に連合国軍最高司令官（SCAP）に就任し、日本の占領施策を全面的に指揮したのです。これも平時の感覚からすればおかしな話で、極東委員会の下部組織であるはずのＧＨＱのボスは、連合国軍最高司令官でもあったということなのです。

因みに、マッカーサーの前任者は誰であったかといえば、映画「史上最大の作戦」でお馴染みの「ノルマンディー上陸作戦」を指揮し、戦後大統領となったかのアイゼンハワーでした。

結局、戦争とは「勝てば官軍」であって、どんな組織で誰に何をやらせるかといった事柄も勝者の理屈と事情で行われるものなのです。勿論、このような米軍による日本占領下で行われた事柄も、私にとっては検証の対象であることはいうまでもありません。

かくして、敗戦後の日本を統治したのは実質的に米軍であり、統治の最高権力者はマッカーサーであったということです。

奇妙なことに、日本人自身に日本が敗戦によって独立を失い、米軍に占領されていたという意識が殆ど存在しません。若者の中には、その事実を全く知らない者すら珍しくありません。このこと自体が、ＧＨＱによる占領軍教育の成果であるといってもいいでしょう。

敗戦を「終戦」などという言葉に置き換えて事実を正視せず、占領軍を「進駐軍」などといって刺激を和らげようとするなど、占領された日本側が米軍に媚《こ》びへつらったのです。

思えば、明治維新といわれるあの時には、やはり卑しいほどの欧米崇拝に狂奔し、大東亜戦争敗戦によって占領されたその後は、再びアメリカ至上主義が社会を覆い尽くすという具合で、占領下で幼少期を過ごした私などは、検証されないままの「官軍教育」と、やはり検証されたことのない占領軍教育とその派生でもある左翼教育に振り回されて、異常な教育を受けて育ったのです。

ほんの一例を挙げれば、「道」の付くものはすべて軍国主義に繋がるという乱暴な理屈で、華道、茶道まで白眼視され、学校教育では柔道、剣道、書道などはすべて禁止されたのです。他国の民族文化などにあまり興味も知識ももたないＧＨＱは、「道」という文字はすべて「国家神道」であると誤解していたのでしょう。

また、地域と時期によって大きな差はあるものの、日の丸を堂々と掲揚できなかったことは、占領された民族としては当然でした。

事のついでに余談として述べておきますが、アメリカに占領されていた約七年間に米兵に殺された日本人は、調達庁の資料を調査した高山正之氏によれば約二千五百名です。そして、米兵に強姦された日本人女性は二万人強とされ、米兵が強姦している現場で日本の警察官が見張り役をしていたという事例は数多く伝えられています。事の性格上、二万人という数字が氷山の一角であることはいうまでもありません。

これら米兵の犯罪や蛮行は、ＧＨＱの厳しい「検閲指針」によって、新聞やラジオは一切文字にも言葉にもできなかったのです。この「検閲指針」に違反すると、米軍の軍事裁判にかけられ、「三年乃至《ないし》五年の沖縄における強制労働」を科されることになっていました。勿論、違反しているかどうかを判断するのは、GHQです。

逆にGHQは、新聞やラジオに、戦時中に日本軍が如何に残虐な行為を行ったかを繰り返し報道させました。このことが、戦後日本人に拭い切れない贖罪《しょくざい》意識を植え付け、自虐史観といわれる歴史認識を定着させたことは否定できないところでしょう。

忘れてはいけないことは、我が国のメディアが唯々諾々《いいだくだく》とGHQに従ったという事実です。日本の敗戦直後に副総理格で無任所国務大臣となった近衛文麿《このえふみまろ》は、玉音放送から五日目に早くも「特殊慰安施設協会」を設置しています。この協会は、日本各地に「慰安所」を設置しました。慰安所とは、平たくいえば米兵のための〝売春宿〟です。いわば、敗戦国ではありましたが、「国立」の売春宿であったということです。

GHQの占領政策をアカデミックに論じることは盛んに行われてきましたが、その種の論だけでは敗戦、占領下の実態は分からないのです。戦勝国に占領されるということは、こういうことなのです。

結局、我が国の近世、近代史は、二度、通して百五十年強に亘《わた》って戦の勝者が書いたまま今もなお全く検証されていないということなのです。先ず、このことが異常であるということに気づく必要があるのです。

実は、大東亜戦争敗戦という民族の悲劇は、その基因を明治維新に求めることができるのです。普通の態度でこの百五十年強という短い年月を振り返れば、両者が直線的に繋がっていることは、誰にでも分かることなのです。

私は、既にこれまでの著作でこのことを繰り返し述べていますが、左翼、右翼両極からの反撥には激しいものがあり、明確に明治維新と大東亜戦争への流れを整理する作業は、まだまだこれからの仕事として残されていると考えています。

尤《もっと》も、明治維新とひと言でいいますが、そのような名称の事件や政変は日本史上のどこにも存在しません。こういうことも、この百五十年の歴史が全く検証されていないことの一つの証左といえるでしょう。それはもはや、怠慢という域を超えており、犯罪的であるといってもいいのではないでしょうか。

このために、国家が独立を失い、異民族に占領統治されるという時代を経てもなお、官軍教育＝薩長史観は生き続けているのです。私たちは、薩長史観による明治維新とGHQ統治という二つの大きな歴史を検証するという宿題を放置したままなのです。

私は、『明治維新という過ち』（毎日ワンズ・講談社文庫）以降の著作において、前者について、即ち、明治維新に対するこれまでの認識、理解に異議を唱え、先ずこれを検証しようとしています。それが正しくできれば、「二度と過ちは繰り返しません」というフレーズの過ちも、もう一つの未検証歴史である戦後アメリカ統治におけるアメリカと戦後日本人の過ちも、鮮明に浮かび上がらせることができるのではないかと考えています。

そして、悲劇的なことは、その検証を阻んでいるものが学校教育で使われている教科書であるという現実なのです。

私は、できるだけ長い時間軸を引いて歴史を観察し、考える必要性を事あるごとに強調してきました。となれば、明治維新が民族としての過ちであったということを考えるについては、本来ならその前の時代まで、即ち、江戸期までその時間軸を伸ばす必要があるのです。その意味では、薩長史観による教科書の誤りを整理しようとする本書は「基礎編」と位置づけられることになるでしょう。

明治新政権がそのすべてを固陋《ころう》、陋習《ろうしゅう》に満ちた時代として江戸期を全否定したことは、天皇原理主義の創造と共に、明治維新最大の過ちといってもいいでしょう。

第一章　黒船来航にまつわるウソ八百

1　東アジアの国際情勢

嘉永六（1853）年六月、アメリカ東インド艦隊司令長官マシュー・ペリー率いる軍艦が、日本に通商を求めて浦賀沖に来航しました。歴史に有名な「黒船来航」です。

来航した黒船は4隻。

サスケハナ（蒸気外輪　3824トン）
ミシシッピ（蒸気外輪　3220トン）
サラトガ　（帆船）
プリマス　（帆船）

＊トン数は排水量

ペリーの黒船といえば、日本人が見たこともない大きな蒸気船で、それ故に江戸幕府も江戸市中も大騒ぎとなったというのが一般的な常識ではないでしょうか。

実は、ペリーの黒船の半分は帆船であり、まずこういう点からこれまで語られてきた歴史を修正した方がいいでしょう。

当時、西欧の外航船は防水・防腐のために甲板などにピッチを塗っており、その色からこれを黒船と呼んだのですが、日本人は戦国末期からスペイン、ポルトガルの黒船を見知っており、黒船そのものは決して目新しいものではなかったのです。

そして、蒸気船でも帆船でも大砲などで武装していれば、それは「軍艦」です。

江戸期日本では、幕府が大船を建造することを禁止していました。そのため、和船に比べれば巨大なペリーの黒船に対して警戒はしましたが、では、官民挙げてパニックのような大騒ぎになったかといえば、決してそのようなことはありませんでした。

幕府の大船建造の禁令は、もともとは西国の大名十三家を対象として慶長十四（１６０９）年に大船没収令として発令されたもので、五百石以上の軍船と商船を没収し、豊臣恩顧の大名たちの水軍力を実質的に壊滅させることを企図したものです。

具体的には、長州藩毛利家、姫路藩池田家、徳島藩蜂須賀家、高松藩生駒家、高知藩山内家、小倉藩細川家、福岡藩黒田家、佐賀藩鍋島家、鹿児島藩島津家などが対象となっています。

つまり、大船建造の禁令とは、まだ幕府の統治基盤が盤石ではなかった開幕初期に豊臣残存勢力の水軍力を警戒して設けられたものなのです。その後、武家諸法度改訂の度にこの禁令の内容も変化していきましたが、改訂の対象として常に揺れ動いたのが商船の扱いです。五百石以上の軍船については、一貫して禁止されました。

商船の扱いが揺れ動き、結局規制から外された背景には、江戸期の経済発展があります。経済発展が水運を必要とし、多くの航路が開発されることが相まって海運の必要性が規制を許さなくなったのです。

そして、列強の軍艦や商船が近海に出没するようになった文化文政以降になると、逆に西洋外航船が禁令の対象になるという意識が自然と定着するようになりました。これは禁令として明文化されたものではありませんが、西国雄藩を対象として設けられた禁令は、幕末に至ると西欧列強に対する意識の影響を色濃く受けるまでに変質したわけです。

大船建造の禁令は、海防、国防の観点からペリー来航の対応に当たった阿部正弘政権によって廃止されました。大船には西洋外航船が含まれるという一般通念が定着していたため、列強に対抗する海軍力を創設するにはこの禁令が妨げになると考えられたのです。

天保の改革が始まる頃、既に佐久間象山《しょうざん》が禁令の撤廃と西洋式海軍力の保有を提言しており、気運は高まっていたのです。

ペリー来航以前に、我が国近海にはロシア軍艦が頻繁に出没し、幕府は択捉島《えとろふとう》でロシアと軍事衝突を経験しています。幕府にとって我が国を侵犯する列強の第一は、ロシアであったのです。このことを通じて海軍の創建という意識は高まってきており、ペリーが来航して初めて海防、国防を意識したわけではありません。

さて、そのペリーです。

そもそも幕府は、ペリーが4隻の軍艦で来航することを事前に知っていたのです。そればかりか、その艦名も、どういう資材を積んでいるかも把握していたのです。

その前提として触れておきますが、徳川幕府は決して国を鎖《とざ》していたわけではありません。むしろ、欧米諸国がその歴史上、もっとも品性や倫理というものを喪失し、こぞって中南米やアフリカ、アジアの穏やかな民族国家を次々と征服することに血道《ちみち》を上げるという厳しい時代に遭遇し、注意深く、用心深く外を観察し、よく国を守っていたといえるでしょう。

幕府は、対外交渉のあり方を「通信」と「通商」に分けていました。

「通信」というのは外交関係（国交）をもつことをいいます。江戸期日本は、琉球と朝鮮の二つの独立国と通信関係、即ち、外交関係をもっていたのです。

「通商」については、「四口」と呼ばれる交易窓口が存在しました。長崎口、対馬口、薩摩口、蝦夷口がそれです。私たちが教えられてきたこれまでの歴史教育、いわゆる官軍教育では、対外貿易は出島（長崎口）を経由して細々とオランダと交易していただけということになっていますが、これは実態とはかなり異なるのです。

私たちは、江戸時代は「鎖国」していたということを、義務教育の時代から教え込まれてきましたが、実際にはそれがどういう体制であったのかをもう少し正確に知っておくべきでしょう。

ペリーの黒船が江戸期日本の惰眠《だみん》を破ったかのようにいわれてきましたので、鎖国ということについてもう少し触れておきましょう。

そもそも鎖国という言葉を幕府が使っていたかといえば、そういう事実はありません。この嘉永六（１８５３）年、ペリー来航の際、幕閣の間で初めてこの言葉が使われたという如何にももっともらしい説がありますが、これもまずあり得ません。

当時、鎖国について使われた言葉として「祖法」という表現がありますが、鎖国は先祖から受け継いだ犯してはならない祖法であるという意味で使われた「鎖国祖法」という言い方も、後世の造語であるようです（『鎖国祖法という呼称』大島明秀　熊本県立大学）。鎖国という言葉が広く一般に普及したのは後の明治になってからであることは、間違いありません。

簡単にまとめておきますと、鎖国ということについて私たちが基本的に知っておかなければならないことは、以下の事柄です。

まず第一に、鎖国という言葉は江戸期全般を通じて使われた言葉ではなく、明治になってから普及した言葉であるということです。

この言葉の初出は、オランダ語通詞志筑忠雄《しづきただお》（中野忠次郎）による訳本で、西暦でいえば

１８０１年のこととされています。この訳本の写本を『鎖国論』といっており、鎖国という言葉はここから出たとするのが定説です。

志筑が訳した原本は、元禄三（１６９０）年に来日した北部ドイツ出身の医師エンゲルベルト・ケンペルが帰国後に書いた論文です（刊行されたのは彼の死後）。英語で刊行されたこの論文のオランダ語訳本を志筑が訳したのですが、そのタイトルが長過ぎました。『日本王国が最良の見識によって自国民の出国及び外国人の入国、交易を禁じていること』（大島明秀氏）というのですが、志筑は、翻訳本文中に使った一語からこれを『鎖国論』と題しました。江戸期日本でこれは出版されるに至らず、限られた範囲に写本として伝わっただけで、そのこともあって鎖国という言葉が江戸社会に広まることは遂になかったのです。

第二に、例えば「鎖国令」というような一つの法令が発せられて海外との交流が禁止されたわけではないということです。

そもそも鎖国令という名称の法令など、存在しません。鎖国という言葉の成立について触れたばかりですが、そのことによってこれは既に明白です。ところが、初等、中等教育の現場ではこのことが意外に無視されているようで、大学生でも鎖国令という禁令を幕府が発して江戸期の日本が諸外国との交流を自ら絶っていたと信じている学生が多いことに驚かされます。

第三に、後世いわれる鎖国という状態、体制は、時間をかけてステップを踏んで完成したものであるということです。

関ヶ原の合戦に勝利した徳川家康が慶長八（1603）年に征夷大将軍に任じられ、江戸幕府＝徳川幕府の時代、即ち、江戸時代となります。江戸時代に入った途端に〝鎖国〟政策が採られたかといえばそういう史実はなく、この政策は二代将軍秀忠、三代将軍家光の治世下において順次形を整えられていったものなのです。

幕府を開設した家康にはむしろ、国を閉ざすとか海外との交易を禁止するといった意志、意向は、特に開幕初期においては全く感じられません。家康が、イギリス人ウイリアム・アダムスやオランダ人ヤン・ヨーステンを厚遇したことはあまりにも有名ですし、当時平戸を拠点として対日貿易を展開していた両国に、江戸に近い浦賀に商館を開設するように強く勧めたほどです。

では、幕府は何故閉鎖体制を採るに至ったのでしょうか。

これは安全保障政策であって、背景には戦国期のキリスト教（旧教）勢力の露骨で非人道的な侵略行為があります。このことについては拙著『列強の侵略を防いだ幕臣たち』（講談社文庫）に詳述しましたので、参照してください。

ポイントだけ挙げておきますと、ポルトガル商人が日本人を奴隷として買い、南方へ輸出したこと、これをイエズス会が公認していたこと、宣教師が仏教を弾圧したこと、切支丹《きりしたん》大名が領民をキリスト教に強制改宗させたことなど、宣教師を先兵としたキリスト教勢力が実に露骨で非人道的な、宗教を前面に押し立てた侵略行為を行ったのです。

多くの日本人が、戦国期のキリスト教徒というと一方的に「迫害・弾圧された人」と理解していることでしょうが、順を追っていえば話は真逆なのです。弾圧されたキリスト教徒がいたことは事実ですが、それは仏教徒の反撃・防戦を受けたもので、この問題は奴隷となる日本人を発生させた戦国期の合戦の実相を正しく知ることから始めないと理解することが難しいのです。はっきりしていることは、戦国期のこのキリスト教勢力の侵略行為が、鎖国と呼んでいる江戸幕府の閉鎖体制に結びついているということです。

第四に、いわゆる鎖国のもう一つの眼目は、幕府による貿易管理にあったということです。貿易独占といっていいかも知れません。

切支丹（キリスト教）の禁令から始まり、後に海外渡航も禁止したため、ややもすると政治外交的側面のみを強調する向きもありますが、貿易管理も一つの目的であったのです。

海外交易による利潤は、実に大きいものです。「小さな政府」であった徳川幕府としては、外様《とざま》雄藩、西国雄藩が海外交易によって潤沢になることは脅威でした。現実に幕末の薩摩藩などは、密貿易によって大きな利益を上げ、密貿易収入がなければ藩財政が成り立たなかったのが実情です。

薩摩（鹿児島）藩が握っていた琉球貿易は大いに儲かったようで、「船一艘で蔵が建つ」といわれていました。つまり、一航海するだけで蔵が建つほどの利潤が期待できたのです。もともと火山灰台地である薩摩の土地は、米作には不向きで単位当たりの収量は多くありません。米を基軸とする江戸期の経済システムの中で各藩は、和紙、漆器、生糸、塩、更には染料やお茶など、それぞれの特産品の増産を図って現金収入を確保しようとしましたが、薩摩には何があったでしょうか。砂糖、江戸後期の煙草《たばこ》ぐらいでした。それとて薩摩藩内でも産地が限られ、とても生糸や漆器、お茶などに敵《かな》うものではありません。かくしてこの藩は密貿易に頼ったのです。この藩にとって密貿易は〝特産品〟であったといってもいいのです。

江戸幕府成立当初から幕府が危険視し、油断を怠らなかったはずの薩摩島津家は、幕府による貿易管理の目をかいくぐって結局密貿易によって財を蓄え、それでイギリスから最新鋭の兵器を購入し、軍事クーデターによって幕府を倒してしまうのです。

貿易管理というものの、幕府の管理が緩《ゆる》かったということになるでしょう。ただ幕府も座視していたわけではなく、確たる証拠を掴むためにしきりに密偵を放ちましたが、島津領内に入った密偵が生きて還ることは殆どなかったといわれています。これら密偵のことを「薩摩飛《び》脚《きゃく》」といいますが、この言葉が今日まで伝わるほど、その存在は半ば公然としたものであったともいえるでしょう。

それにしても、「公武一和《こうぶいちわ》」路線を採って「尊皇攘夷」の過激論に走る長州と対立しつつ、開国路線に乗った幕府に抗して遂にはこれを倒した薩摩藩が、密貿易とはいえ海外交易の利潤によって成り立っていたとは実に奇妙な話のように思えますが、こういう点にも薩長史観による官軍教育の意図的とも受けとれる不備があるのです。

いずれにしても、鎖国ということについては、以上の四点を基礎的な知識とした上でその実態を考えていく必要があるでしょう。

私が、中学、高校で受けた日本史教育では、この四点は全て欠落していて、幕府が頑迷に守り通そうとした不条理な排外主義としてネガティブに教え込まれただけでした。

「鎖国」という言葉を生む元となった論文を書いたケンペルは、江戸期日本の和を重視する民族性、切支丹追放後の神道、仏教、修験道《しゅげんどう》、儒教など異宗教といってもいい異なる思想の共生を評価し、一元主義の思想しかもたない西洋を手本にする必要はないとして幕府の対外政策を肯定しています。

若干補足しておきますと、ケンペルは江戸期日本の精神文化的特性だけで幕府の対外政策を肯定したわけではありません。

人口が多いことを認識しつつも、難攻不落の地理的条件と勇敢な民族性、物産の豊富さ、金属の鋳造技術、酒造などの技術レベルの高さ、学問レベルの高さ、敬神精神の高さ、裁判の迅速さなどに触れ、徳川の治世になって平和を確立（元和偃武《げんなえんぶ》）したものの、キリスト教の侵入が社会不安をもたらし（島原の乱）、キリスト教徒とポルトガル人を追放することによって平和を回復した経緯を述べた上で、海外との交渉を絶っている政策は妥当であるとしているのです（『鎖国という言説』大島明秀　ミネルヴァ書房）。

しかし、アジア、特に東アジアを取り巻く国際環境は、十八世紀末から十九世紀にかけて大きく変化しました。その大きな変化とは、大胆にいい切れば、イギリスの世界覇権をめざす動きが益々激しくなり、その傲慢《ごうまん》ともいえる振る舞いに歯止めがかからなくなっていたこと、新興国家アメリカが台頭してきたことです。もはや、スペイン、ポルトガルの時代ではなくなっていたのです。

イギリスは、ヨーロッパを概《おおむ》ねその影響下に収め（イギリスは「ヨーロッパ」には入らないことに注意）、アジアではインド、ビルマ、シンガポールを侵略してこれを支配下に置き、次のターゲットを「眠れる獅子」清国に定めていました。

一方、アメリカはといえば、西へ、西へと国土を膨張させていきました。天明三（１７８３）年、イギリスから独立を勝ち取ったアメリカの当時の領土はミシシッピー川まででした（パリ条約による）。その後、フランスからルイジアナを購入してロッキー山脈に至り、スペインからフロリダを購入してアパラチア山脈を越えて、西へ西へと膨張していったのです。この時代が、いわゆる西部開拓時代に当たります。

そして、米墨《べいぼく》戦争（対メキシコ戦争）を仕掛けてこれに勝利し、テキサス、カリフォルニアを奪って遂に太平洋岸に達したのです。

この、イギリスとアメリカの、野望を遂げようとする二つの大きな東アジアにおける動きが幕末日本を揺るがす主たる国際要因であったのです。

まず、イギリスが清国に仕掛けた露骨な侵略戦争＝アヘン戦争を簡略に整理しておきましょう。

イギリスと清の交易は、当初はイギリスが綿花や工業製品、例えば、時計や望遠鏡などを清に輸出し、清から陶磁器や絹、お茶などを輸入するという通常の貿易でした。当初は通常の形式を採るこのやり方は、イギリスの常套手段なのです。

案の定、この交易はイギリスの大幅な輸入超過となりました。そこで、次第にアヘンの輸出量を増加させていき、これに伴って清から銀が大量に流出していったのです。

徳川日本でも、水野忠徳とアメリカ・ハリス、イギリス・オールコック連合との間で激しい通貨交渉が展開されますが、この「幕末日米通貨戦争」はあくまで為替レートに関する幕府と米英連合の攻防でした。ところが、このアヘン戦争に伴う清の銀流出は、全く様相が異なるのです。

薩長史観による官軍教育では、清の二の舞いになることを危惧した「勤皇志士」たちが幕府を倒して日本の植民地化を防いだという荒唐無稽ともいえるお話を今に至るも学校教育で続けていることもあって、アヘン戦争については私どもの幼い頃から固定的なイメージが徹底されています。従って、ここでは敢えて詳細を割愛しますが、一つ注意しておくべきことはアヘンそのものの非人道的な影響もさることながら、やはり銀の大量流出が清に決定的な打撃を与えたという事実です。

当時、イギリスは銀の国外流出を抑制する政策を採っていました。その理由の一つは、アメリカ独立戦争の戦費調達です。

大幅な輸入超過対策としてイギリス東インド会社はインドでアヘンを栽培し、それを清に密輸出して輸入超過分を消そうとしたのです。つまり、アヘンは密輸出から始まって清の広東エリアに拡大していきました。アヘン取引は銀で決済されており、アヘンの輸入量拡大と共に清の銀保有量が激減し、清国内経済に深刻な影響を与えるに至ったのです。

当時、清は銀本位制であり、銀貨と銅銭が併用されており、銀保有量の減少は銀貨と銅銭の交換比率（三倍に急騰したという研究もある）に直接的な影響を及ぼし、日頃銅銭を使用しながら銀貨での納税を義務づけられている農民たちの納税額は二倍以上に跳ね上がったといわれています。

アヘン取り締まりに強硬策を採った清に対してイギリスは、貿易保護を理由に東インド会社だけでなく本国からも最終的に軍艦16隻、輸送船約30隻、陸軍6千人、占領地インドからセポイ7千人を送り込み、清を軍事制圧したのです。

結果的に翌年の追加条約を含めると、清はイギリスに対して自由貿易港5港を開港、多額の賠償金を支払い、香港を奪われ、治外法権を認め、関税自主権を放棄するという屈辱的な南京条約を結ばされ、イギリスの半植民地的様相を呈するに至ったのです。２０１９年以降香港は騒乱状態にありましたが、香港の根源的な不幸はこの時始まったことを知っておくべきでしょう。

後年、アメリカがイギリスに「清国から奪った香港を清国に返還せよ」と迫ったことがあります。これに対してイギリスは、「その前にメキシコから奪ったカリフォルニアをメキシコに返還すべきではないか」と応じたといわれますが、所詮《しょせん》盗っ人同士の綺麗事に過ぎません。

そのアメリカです。

中学時代に教わった、アメリカ人の崇高な「開拓者精神（フロンティアスピリット）」。崇高と思っているのは当のアメリカ人とそのアメリカに占領された昭和二十〜三十年代の教育を受けた日本人ぐらいではなかったかと思いますが、その実は、先住民インディアンの掃討でした。何十万人のインディアンを殺し、何十万人を強制移住させたことか。

その歴史は、普通の神経に照らせばアメリカの汚点であるはずですが、ジャーナリストであるオサリバンなどは「自由の拡大という神から与えられた使命である」（併合論）といって憚《はばか》りません。このあたりが、一元主義しか知らぬ偏狭なアメリカ人のアメリカ人たる所以《ゆえん》でしょう。彼らは、自らの悪業の正当化にさえ都合よく神の名を口にするのです。

イギリスによるアヘン戦争に触れたなら、アメリカの対メキシコ戦争に触れておかなければなりません。

テキサスは、メキシコ領でした。ところが、スペインから独立を果たしたメキシコは、中央集権体制の形を採るものの統治力が弱く、各地で独立をめざす動きが活発化、アメリカ人の流入が続いていたテキサスもその一つで、1836年、テキサス共和国としてメキシコからの独立を宣言します。

その後五年以内に、フランス、イギリス、オランダ、ベルギーがこれを承認し、1845年、アメリカはテキサス共和国を併合してしまいます。当然、メキシコはこれを認めず、両国は1846年に戦争に突入します。

アメリカ軍は、カリフォルニアの諸都市を占領、海上からは大西洋岸のベラクルスを攻略して勝利しました。これによりアメリカは、約二千万ドルを支払ってカリフォルニア、ネバダ、ユタ、アリゾナ、ニューメキシコ、ワイオミング、コロラドの管理権を獲得、メキシコは領土の三分の一を失ったのです。

実は、この戦争の帰趨を決したベラクルス港占領作戦を指揮し、上陸作戦を成功させたのがペリー提督率いるガルフ艦隊であったのです。彼は、大統領ブキャナンの信頼する「タカ派」提督として知られる軍人でした。

このようにしてアメリカは西へ、西へと膨張し、遂に太平洋岸に達したのです。その更に先には何があるでしょうか。共に自立して平和な日々を営んでいたハワイ王国と江戸日本です。世界地図を広げるまでもなく、日本列島の対岸に存在するもっとも広大な国はカナダとアメリカです。東日本大震災の津波で流された物が漂着した先は、当然のこととしてカナダやアメリカでした。この、実にシンプルな地理的現実を、私たち日本人は長い間殆ど意識してこなかったのではないでしょうか。

さて、太平洋岸に達したものの、その頃のアメリカ海軍というものはまだまだ弱小でした。歴史家は、スウェーデンやエジプトより下位の世界第八位程度の、列強とは呼べない弱小海軍であったと位置づけています。

世界ナンバーワンの力をもつ海軍国は勿論イギリスであり、フランス、ロシアがこれに次ぐとされていました。

ペリー提督とは、ニューヨーク海軍工廠《こうしょう》長官を務め、蒸気推進軍艦の建造を推進し、この弱小海軍の近代化を図った人物でもあったのです。アメリカ海軍史においては「蒸気海軍の父」と呼ばれる、米墨戦争を勝利に導いた軍人であったのです。

アメリカにとって、次なる「西部」は太平洋でした。ここに新たな経済圏を確立しようとした時、対岸の日本が視野に入ります。そして、太平洋の対岸までを経済圏として確保しようとすると、先に清まで進出してきたイギリスと衝突することになるのです。

イギリスは東南アジアから国伝いに、アメリカは次なる西部として太平洋、そして日本をめざしたのが、江戸末期の東アジアの国際情勢であったのです。

2　老中阿部正弘の決断

太平洋経済圏を開拓、成立させようとするアメリカがイギリスへの対抗心を強め、日本に並々ならぬ関心を示し始めたのは米墨戦争の前からです。

米墨戦争とは、前節でも触れましたが、弘化三（1846）年に勃発したアメリカ・メキシコ戦争のことです。ひと言でいえば、これはアメリカの侵略戦争の一つであり、この戦争によってアメリカはテキサスを併合し、太平洋岸まで達する拡大を可能にしたのです。ここから太平洋は、アメリカにとって「次なる大西部」となりました。つまり、太平洋経済圏の確立を目指すようになったのです。

アメリカ艦船が日本へ来航したのは、ペリーの黒船が初めてのことのように思っている方も多いことでしょうが、まずその思い込みを消去しましょう。

アメリカは、ペリー来航の八年前、弘化二（1845）年、日本への使節派遣を決定、翌弘化三年、軍艦2隻が浦賀に来航しました。使節は東インド艦隊司令長官ビッドル提督、目的は、日本が通商を行う意思があるかどうかの確認でした。日本側の回答は極めて事務的なもので、通商は国禁、外国との交渉は長崎のみにて行うというもので、ビッドルはこの回答をそのままもち帰っただけだったのです。

この感触を得て、アメリカ政府は方針を強硬路線と決定し、軍事的圧力を加えてでも日本と通商条約を締結する方針を固めたのです。

日本で幕末といわれる時代が押し詰まるに従って、アメリカは東アジアにおいてイギリスに決定的な遅れをとることを恐れ、焦っていたのです。ビッドル提督が、「国禁である」との日本側の回答をもち帰ったことに対して、アメリカ国内では「弱腰外交」という批判もあったようです。

一日も早く太平洋航路を開設し、アジア太平洋経済圏を確立することは、イギリスへの対抗上喫緊《きっきん》の外交課題になっていました。良質な港湾が多数存在し、石炭を豊富に産出する日本との通商関係を成立させることは、日を追うごとに重要性を増していきました。平和的な外交交渉でそれが実現しない時は、軍事的圧力を加えてでも、という空気が強まり、ペリー提督の起用もそういう意図を含んだものと理解していいでしょう。

果たして、嘉永六（１８５３）年六月、ペリーは浦賀沖に来航しました。

浦賀奉行所は老中首座阿部正弘の裁可を仰ぎ、ペリーの求める大統領国書受取りについて、その諾否を回答する前に長崎へ回航するよう要請しました。ビッドルの場合と全く同じ対応です。

ところが、ペリーはこれを拒否、兵を上陸させ江戸へ進出して国書の受取りを求める姿勢を示したのです。これはもう、立派な恫喝外交です。一説によると、ペリーは浦賀奉行の体裁で交渉に当たった与力香山《かやま》栄左衛門に白旗二流を渡したといわれています。日本が防戦してもアメリカに敵うわけはないから、その時はこの白旗を掲げよという意味になりますが、この時のペリーならさもありなんという気もします。

この事態に対して、阿部はどう対応したのでしょうか。

幕府は、オランダに提出を義務づけていた「オランダ風説書」によって、かなり詳細な海外情報を得ていました。それによって、ペリーの来航そのもの、その目的は事前に把握していましたし、来航する艦名まで掴んでいました。

更に、司令官がオーリック准将からペリーに交代するであろうこと、上陸用並びに包囲戦用の資材が積み込まれたことまで、「別段風説書」とそれに添えられたバタフィア総督の書簡によって承知していたのです（『オランダ風説書』松方冬子　中公新書）。

上陸用資材や包囲戦用資材を積み込んでいると知れば、ペリーが武力行使に及ぶかどうかは断定できないものの、その可能性はあると認識していたはずです。問題は、幕府が米墨戦争についての情報を得ていたかどうかなのです。

実は、ペリー来航情報を伝えたオランダ風説書（別段風説書）は嘉永五（1852）年のものですが、これは米墨戦争については何も情報をもたらさなかったのです。このことも、松方冬子氏や金井圓氏の研究によって明らかになっています。米墨戦争の結果は、アメリカとメキシコの軍事力、日本と比べてのアメリカの軍事力レベルを推し測る上で極めて重要です。

しかし、もともと幕府はオランダ風説書以外に、「唐船風説書」によっても海外情報を入手していた上、帰国した漂流民、密入国者などからもさまざまなレベルの情報を入手していました。時には、これらの〝非正規ルート〟からの情報と公式ルートによるオランダ風説書の情報を照合することすらあったのです。

オランダ風説書に記載し、公式に江戸へ送付するかどうかは、実は通詞たちと長崎奉行の裁量の範囲内にありました。オランダ商館がもたらす情報がすべて風説書に記載され、幕府へ報告されたわけではないのです。オランダ側がこの情報は江戸へ知らせておきたいと願っても、彼らにその裁量権はなかったのです。決定権は通詞たちと長崎奉行にあり、突き詰めれば長崎奉行の権限であったのです。

例えば、宝暦七（1757）年、世界史的に有名な「プラッシーの戦い」が勃発、イギリス東インド会社の軍隊がベンガル・フランス東インド会社連合軍を撃破しました。この勝利によってイギリスはインドにおける覇権を確立し、ここからヨーロッパ列強のアジア侵略が本格化していきます。

補足しておきますが、英仏の東インド会社は「兵力」を保有し、本国政府から「交戦権」も認められていたのです。この戦いの双方の軍は、それぞれ東インド会社の軍であり、イギリス軍、フランス軍という国軍ではないのです。ただ、両国の東インド会社は、それぞれ本国政府の意向を反映してアジア侵略に乗り出しているわけで、単純に〝巨大な民間企業〟同士の衝突と表現するわけにもいかないのです。

この頃、オランダ東インド会社はベンガル産の生糸や絹織物を日本へ輸出していたのですが、これは利益が薄く、オランダ側はこの輸出を打ち切りたかったのです。そこで、この戦争を理由としてもち出し、ベンガル産生糸の入手が困難になったと説明したのです。

更に、インドがこういう苦難に陥ったのは、多くの外国人を受け入れたからだとアピールしました。つまり、日本がオランダ人だけと交流していればインドのように外国人に支配されることはないだろうということを示唆したわけです。「プラッシーの戦い」をうまく利用したことになりますが、この重大な戦いのことはオランダ風説書には全く記載されなかったのです。長崎奉行や通詞たちは、この戦争のことも知っていたはずです。しかし、この戦争があったという情報を幕閣に知らせる必要はないと判断したことになります。

幕府は多くの外国人の入国を許さず、ヨーロッパではオランダのみと交易を行っています。ベンガル地方で発生したこの事態は、幕府の対外政策が正しいことを裏づけるものではないか、長崎奉行も通詞もそのように判断したと推測できるのです。つまり、幕府にとって好ましい情報です。それにも拘らず、オランダ風説書には記載されなかったのです。それはもう、その戦争に関心がなかったとしか考えられません。長崎の幕府関係者にとっては、オランダがアジアにおいて平穏に、安泰に勢力を維持していることが大事であったに違いありません。

つまり、保身の感覚です。我が身の安泰といってもいいでしょう。己の仕事が平穏に遂行されている限り、無用な情報を幕閣に与える必要はないのです。何でもかんでも江戸へ知らせて、幕閣に無用な不安や心配を与えることは避けるべきなのです。下手をすれば、江戸へ急いで〝出張〟する事態となります。

恐らく、オランダ風説書を公式文書として仕上げる過程で、そのような保身の感覚が働いていたのではないでしょうか。

そう考えれば、オランダ風説書が「後世からみて重要な情報」を、オランダ側から入手していた場合でも無視していたのは、不正に繋がる「情報操作」といったことではなかったと考えられるのです。オランダ風説書が米墨戦争に全く触れていないことも、同様の心理が作用したからではなかったでしょうか。少なくとも、平成末期から我が国の政治家と官僚が頻繁に行っている、あからさまな「隠蔽」とは全く異なることは断言していいでしょう。

しかし私は、幕府は米墨戦争に関する情報を掴んでいたのではないかと考えています。幕末の海外情報入手ルートは、更に多くなっていました。戦争の結果程度は、十分把握していたと考えています。

それは、阿部正弘の決断に影響を与えたはずです。

備後福山藩（十万石、後に加増一万石）藩主にして老中首座を務めた阿部正弘。我が国幕末史を考える上では、小栗上野介と共にもっとも重要な人物です。偏りのない視線でみれば、大久保利通や木戸孝允《たかよし》、西郷隆盛などより、研究対象としての重要度は遥かに高いといえるでしょう。そういう人物が、今日では人びとの関心の範囲に入っていない点にも、薩長史観による歴史教育の歪みが端的に表われているのです。

阿部は、御三家末席水戸藩の徳川斉昭《なりあき》を「海防参与」というわけの分からない役職に就《つ》けて幕政にコミットさせました。徳川斉昭のどこを評価したのかといえば、実は全く評価していませんでした。

水戸徳川家の隠居に追いやられていた男が暇をもてあまして外からあれこれ口出しするのが厄介なので、これを内へ入れてしまって飼い慣らそうとしたに過ぎないのです。阿部は斉昭を「獅子のような方」だと評し、「獅子は古来、毬《まり》にじゃれて遊ぶもの」だとして毬を与えて遊ばせておけばいいと考えたのです。つまり、「海防参与」とは阿部が遊び用に与えた毬なのです。

このあたり、阿部という人物は意外にも策を弄する政治家を気取るところがあるようにみえてなりません。斉昭に毬を与えたつもりで、水戸光圀以来の水戸学によるヒステリックな尊皇攘夷派の巣窟・水戸藩を取り込んだつもりでいたのでしょう。もし、それによって、長州を中心とした過激な暴力的尊攘原理主義者たちを抑えられると考えていたとすれば、それはその風貌通り甘いといわざるを得ません。

阿部の渾名《あだな》を「瓢箪《ひょうたん》なまず」といいました。のらりくらりとして捉えどころがない、という意味ですが、終始人の話を聞くことに専念するその姿勢は、よくいえばバランス重視、悪くいえばリーダーシップの欠如といえるでしょう。つまり、調整型の政治家であったように映ります。

しかし、それはテクニックとしての表面上の自己演出であったかも知れません。永年の閉鎖体制を解き、国家を国際協調路線に乗せるというような重大な決断を、単なる調整型の政治家ができるでしょうか。阿部は、多くの「前例を無視した果断な決断」を下しています。勿論、その功罪について論はいろいろあるでしょうが、いずれにしても、もっともっと深く研究されなければならない政治家であったことには異論を挟む余地はありません。

そもそも幕政というものは、「溜間《たまりのま》」詰譜代大名の専権事項でした。御三家は、あくまで将軍家の血を絶やさないための備えに過ぎず、幕政には一切口出しできないという不文律が存在しました。現実に、これ以前に御三家から将軍職を出したことはあっても、御三家のいずれかが幕政に口を出した例はありません。従って、徳川斉昭に「海防参与」という毬を与えたことは、異例中の異例のことなのです。

更に阿部は、外様である薩摩・島津斉彬《なりあきら》に積極的な幕政参加を行わせました。このことも前例には全くないことでした。御三家と外様の登用……これも阿部流のバランス型政治であったのでしょうか。

このことは、大きな禍根を残すことになるのですが、そのことは今は措《お》くとして、結局阿部は、ペリーの要求する国書受取りについて、

「国禁を取捨するは遺憾なりといえども軽率にこれを拒絶し兵端を開き国家を危機に陥るるはわが国の長計に非ず～」

として、国書受取りの閣議決定に漕ぎつけてしまうのです。そして、浦賀奉行所に対して、アヘン戦争（阿片騒乱）の先例をもち出し、浦賀での国書受取りを指示したのです。

米墨戦争において、メキシコ軍は主力兵器として小銃を用いており、大砲も備えていました。それでもアメリカ軍に敗れたのです。まだ火縄銃レベルから完全には脱し切れていなかった幕府や諸藩がアメリカと戦端を開けば、我が国の敗北は明白です。つまり、アメリカの要求を拒否して西国諸藩の尊攘過激派が喚くような攘夷を決行することは不可能なのです。阿部には当然、その他の幕閣や幕臣官僚にも、このことはよく分かっていたのです。おそらく、薩摩・長州・土佐の過激分子を操っていた尊攘派のリーダーたちにも分かっていたはずです。

もはや余談というべきでしょうが、吉田松陰や久坂玄瑞《くさかげんずい》などには、そのような初歩的な国の安全保障を考える思考回路は存在しなかったと見受けられます。

アメリカ大統領国書を受け取った阿部は、この和訳文を幕臣は勿論、諸大名、諸藩士から町方に至るまで広く一般に開示するという、これまた前代未聞の手を打ちました。決定的なことは、朝廷にも報告したことです。これらの施策を「画期的な情報公開」とか、朝廷や諸大名への武力統制を改め「言路洞開《げんろとうかい》」に踏み切ったなどと評価する向きがありますが、それはあまりにも単純な現代的解釈というべきで、私は明らかな誤りであると考えています。

一国の命運を左右する重大事に際して、幅広く意見を聞くといえば聞こえはいいかも知れませんが、政治家としては無責任極まりないと断罪されなければなりません。現代でも「政治リアリズム」を欠いた政党に政権を担当させたらどういうことになったか、私たちは既に経験済みではなかったでしょうか。

尤《もっと》も、阿部がこれを一種のポーズとしてやったのなら、それはそれでいいでしょう。しかし、真面目に、真剣にやっていたとしたら、それこそ愚の骨頂というべきでしょう。

阿部の〝諮問《しもん》〟に対して、寄せられた意見書は、諸大名から約二百五十件、幕臣からは約五百件に達したといいます。中には、吉原の遊郭の主《あるじ》からの〝提言〟もありました。楼主《ろうしゅ》の意見は「酒を振る舞い、仲良くしたと見せかけて、泥酔したところを包丁で刺し殺せ」というものであったようですが、この提言採用の暁には、という商売上の見返りも要求していましたので、可愛いといえば可愛いものであったといえるでしょう。

意見書の大部分は、「要求の受け入れやむなし」「できるだけ引き延ばすべし」という類のものでしたが、共通している大前提は、我が国にはまだ対抗できる軍事力がないとしている点です。

つまり、この諮問が愚策であったとしても、今、攘夷戦争に踏み切れば負けるという認識がこの時点の武家社会の共通認識であったことが判明している点は注目されるべきでしょう。

数少ない主戦論を唱えていたのが、水戸の徳川斉昭や長州藩毛利慶親《よしちか》（後の敬親《たかちか》）です。長州藩の場合は、藩内過激派の突き上げが厳しかったことは容易に想像できます。この時期の長州藩は、既に藩主の押さえが利かない藩になっていたのです。

因みに、尊皇原理主義者吉田松陰は、アメリカ艦隊はまた来るそうだから、その時こそ日本刀の切れ味をみせてやるなどと、勇ましいことをいっています。

嘉永七（１８５４）年三月、阿部政権は遂に「日米和親条約」（神奈川条約）を締結しました。二百年という長きに亘《わた》った「俗にいう鎖国」を終焉させるという、歴史的な決断でした。

阿部正弘には、多くの功績が認められます。もともと列強、特にロシア、アメリカとの武力衝突を避けるためには開国もやむなしと考えていた阿部は、これを段階的に実施しようとしました。そして、列強と外交関係をもつことによって技術導入を図り、それを通じて先々列強に対抗し得る国家体制を創り上げるというビジョンをもっていたことは確かです。ひと言でいえば、「富国強兵策」です。このビジョンは明治新政権のコンセプトのようにいわれてきましたが、これこそ阿部を中心とした「徳川近代」政権の基本的な方向観であったのです。

阿部が「日米和親条約」の締結に踏み切ったことは大きな功績ですが、その他、講武所や長崎海軍伝習所の設立、西洋砲術の導入・推進、大船建造の禁の緩和、蕃所調所《ばんしょしらべしょ》の創設、若手幕臣の積極的な抜擢登用など、その施策は前述した通り、その後の幕府、日本を支える基を創ったといっても過言ではないのです。

特筆すべきことは、阿部の人材登用によって、ジェネラリストとテクノクラートが見事に補完関係をもつ幕末「徳川近代」の優秀な官僚群が一団として形成されたことです。

このような阿部の人材登用策がなかったら、「徳川近代」における対外交渉、特に日米交渉は成立しなかったに違いありません。

3　武力行使のできないペリーの事情

マシュー・ペリーは、嘉永七（１８５４）年一月、再び来航しました。この時は、９隻の艦隊（内３隻が蒸気船）で来航し、浦賀を素通りして金沢沖に投錨しました。

尤も、９隻の軍艦が整然と艦列を成して、〝艦隊〟として来航したわけではありません。９隻の艦が〝バラバラに〟とはいえないまでも、最終的に９隻になったということであり、来航の仕方そのものが「艦隊」の体《てい》を成していなかったのです。

第一陣の1隻マケドニア号（1341トン・帆船）が、後に小野友五郎が提起・設定した日本の海防線（観音崎と富津を結ぶ線）の内側まで入り込み、早速、三浦半島長井村沖で座礁するという有り様で、この事故の第一報は浦賀奉行所がペリー艦隊に通報しています。そして、浦賀奉行所と彦根藩が救助に出動すると共に、事故の収拾に当たっています。

再訪の仕方が若干無様《ぶざま》ではありましたが、浦賀奉行所の浦賀沖に停泊するようにとの指示に対して、ペリーはこれを拒否しました。

ペリーのやり方は常に強硬、高圧的でしたが、広く「黒船来航」という言葉で語られてきたペリーの二度に渡る来航も、吉田松陰や坂本龍馬という人物のお話同様、実に虚飾に満ち満ちて伝えられてきたのです。

なお、ペリーの来航に際してまず矢面《やおもて》に立ったのは、浦賀奉行所です。浦賀奉行以下奉行所与力たちはいきなり現れたアメリカ軍艦にどう対応したのでしょうか。ひと言でいえば、彼らは立派にその任を果たしたといえるでしょう。その詳細については、後節で少し詳しく触れることにしましょう。

実はこの時点でアメリカ本国では政権が民主党に移っており、ペリーの対日強硬策に対して強い警戒感が出ていたのです。民主党の新大統領ピアスは、ペリーの琉球・小笠原領有計画には反対していました。その背景には、アメリカ同様に日本に通商を求めていたロシア、イギリス、フランスのアメリカに対する反撥があったのです。
黒船来航のような幕府の対外政策に関わる事柄を理解するには、先に触れたような国際環境と同時に、相手国の国内環境にも視線を注いでおく必要があります。

国内外から反撥を受けていたペリーは、一気に成果を挙げる必要に迫られていたのです。

更に、再来航前に香港に駐留していたペリーが、駐清国弁務官マーシャルと対立していたという事情を無視することもできないでしょう。ペリーは当然海軍長官の指揮下にありますが、弁務官は国務省の外交官です。実は、二人の対立はペリーの一回目の来航以前から続いていたのです。

当時、清国では「太平天国の乱」が発生し、上海を中心とした沿岸部も決して安定した世情にはありませんでした。マーシャルは、弁務官として「アメリカ人居留民の生命・財産・活動の保護」を最重要課題としており、そのために蒸気艦を最低でも一艦清国に残すべきだと主張します。これに対して日本との条約締結を目指していたペリーは、日本に対しては軍事力の誇示が必要だと考えており、指揮下の蒸気艦船を譲りたくはなかったのです。

再来航が予定より早かったのも、恐らくこのようなペリーを取り巻く環境が彼にとって決して有利なものではなかったからであると考えられるのです。

ここで中途半端な形で帰国した場合、先のビッドルの二の舞になることは必至で、解任の可能性すら否定できません。ペリーの高圧的な外交姿勢は、彼自身の個人的な事情に因るところが大であったのではないでしょうか。

強腰のアメリカを怖れて弱腰の日本＝幕府が脅されて要求を呑んでしまったなどというのは、どこまでも明治以降の西欧に対するメンタリティが創り上げた「黒船物語」に過ぎないのです。

ペリーの強硬姿勢は、それだけの理由だったのでしょうか。列強と呼ばれる国の軍人は皆同じようなものといえばそれまでですが、ペリーの場合は事はそのような単純な理由だけでは成り立っていませんでした。

アメリカの目的は、あくまで日本と通商関係をもつことにあり、付随して蒸気船に必要な石炭補給のための港を提供させることにありました。これには、当然、支那《しな》（中国）市場の獲得で先行しているイギリスに対する国家としての対抗心が働いています。

既に述べた通り、アメリカは、西へ西へと拡大し、西部開拓は既に太平洋岸まで達していました。「次なる大西部」太平洋市場の制覇には、蒸気船がまだ太平洋を横断できない以上、どうしても日本との外交関係、通商関係が必要であったのです。

現代なら、この仕事は国務省がすべて仕切るところでしょうが、当時のアメリカ国務省アジア担当課は僅か五名という貧弱な体制であったといいます。在外公館として活動していた領事も、多くが商人領事でした。

商人領事とは、貿易商が領事を兼務している形態の領事のことをいいます。それほど外交を扱う組織の体制は、質量共に貧弱であったのです。

当時の外交上の重要課題は「外交法権」でした。

「外交法権」とは、法律の異なる外国で自国民が逮捕、抑留された時、これを保護する外交概念のことをいいます。貧弱な体制の国務省が「外交法権」を発動することは実質的に不可能であり、海軍以外にこれを担い得る組織が存在しなかったのです。海軍軍人であるペリーが、まるで外交官のような体裁で対日交渉を行った背景には、アメリカ側のこのような事情があったことを承知しておく必要があります。

さて、徳川近代という時代にとって歴史的な、アメリカ合衆国を代表するペリーとの交渉について、いわゆる官軍教育による歴史叙述では、実は重要な事実が隠蔽もしくは無視されています。

そのもっとも重要な事実の一つは、ペリーが「発砲厳禁」の大統領命令を受けて来航していたことです。

アメリカ合衆国憲法では、大統領は宣戦布告の権限をもっていません。それは、議会の専権事項なのです。

その議会は、民主党が多数を占め、日本宛て国書を発した大統領フィルモアの所属するホイッグ党（現在の共和党）は少数派でした。その上、フィルモアは副大統領から昇格した大統領であり、選挙の洗礼を受けていないのです。即ち、大統領フィルモアとその指令を受けているペリー艦隊は、議会に対して〝弱い〟立場にいたことを知っておく必要があるのです。

このような背景から、ペリー艦隊は、「司令長官や乗組員に加えられる暴力に対する応戦」以外には「軍事力に訴えてはならない」という厳命を受けて来航していたのです。彼らは、どこまでも「平和的な性格」の外交使節であらねばならなかったのです。

ペリーが艦隊の威力を誇示し、常に高圧的な態度を保持しようとしたのは、出国前にこのような強い命令を受けていたからであることは、まず疑いのないところでしょう。このことを知っておけば、来航したペリーが事あるごとに礼砲を撃ったことも容易に理解できるのです。

軍艦でありながら「発砲厳禁」という強い制約を受けて来航したペリー艦隊は、国際的にも「発砲できない」もう一つの大きな背景要因を抱えていました。

当時のアメリカは、まだ建国から八十年弱という新興国家であり、さまざまな面で旧宗主国である超大国イギリス＝大英帝国に頼らざるを得ない面をもっていたのです。

次なる大西部＝太平洋経済圏の構築を目指して当時としては巨大な蒸気機関を備えた軍艦を保有し始めていましたが、燃料の石炭や乗組員の食糧などの物資を手当てする補給線をもっていなかったのです。

軍艦や部隊が補給線をもたないということは致命的であり、それは現実的な「軍事力」とはなり得ません。この初歩的な軍事常識を無視したのが、天皇原理主義を振り回した明治以降の大日本帝国陸軍です。このことについては後節で少し触れることができるでしょう。

当時、アジア地域に強力な補給線を確保していたのは大英帝国であり、アメリカはこれに頼らざるを得ませんでした。そのため、イギリスと〝張り合う〟姿勢をみせても、実際に衝突することは絶対にできなかったのです。

もし、ペリー艦隊であれ誰の艦隊であれ、「誇り高き」徳川幕府の統治する日本と交戦状態に陥れば、イギリスが「中立宣言」を発することは明白であり、そうなると国際法によってすべてのアメリカ船は、イギリス支配下のアジア地域のすべての港に寄港することが不可能となり、物資の補給が完全に断たれるのです。アメリカとしては、これだけは断じて避けなければならない外交・軍事上の基本戦略であったのです。

明治近代政権の書いた官制の歴史を忠実に教え込んできたこれまでの公教育では、必ず「砲艦外交」だ、「軍事的圧力に屈した不平等条約」だなどと繰り返し、これは今でも正史として語られていますが、黒船来航に関する一連の叙述は、殆どすべてが史実と大きくずれているのです。

空砲、礼砲以外には絶対に発砲してはならない大砲を備え、何があっても日本に対して軍事力を行使してはならないというがんじがらめの制約を受けたペリー〝艦隊〟にできることは、ハッタリとしての示威行為と平和的な交渉以外にはなかったのです。

「泰平の眠りを覚ます上喜撰《じょうきせん》　たった四杯で夜も眠れず」という狂歌があります。蒸気船をお茶の「上喜撰」にかけ、たった4隻の黒船で夜も眠れないほど幕府も江戸市民も驚いて、右往左往したことを示す「史料」として、今も学校教育だけでなくいろいろな維新本、幕末本で使われています。

この狂歌は、実は明治になってから創られたとする説がかなり前から有力だったのですが、近年になってこれと似た歌で幕末に創られたものが発見され、類似したこの狂歌の成立時期は明確ではなくなりました。

仮に、この狂歌がペリー来航時に創られたとして、幕府や江戸市民がパニックに陥ったとする話は、殆どこの狂歌を唯一の「史料」として語られてきたのです。

ところが、これに反する史料は、瓦版や町触《まちぶれ》を含めて山ほどあるのです。不思議なことに、それらの史料は全く無視されてきました。

幕府も江戸市民も、ペリーの来航に全く驚いていませんでした。益してパニックになったなどというのは、悪質な歴史の捏造《ねつぞう》といってもいいでしょう。

江戸市民は、むしろ楽しんでいたことが町触や瓦版から判ります。奉行所は躍起になって、見物を控えろとか、お祭りではないのだから、といった注意喚起を何度も行っています。

二度目の来航の時は更に賑やかになっています。それはもうお祭り騒ぎで、浦賀は文字通り観光スポットと化しています。お祭り騒ぎの見物人を見込んで出店まで出る始末で、中には小舟を仕立てて黒船に近づこうとする者まで出てきて、奉行所役人はその取り締まりや注意に必死になっています。「火の元だけには注意しろ」といった、半ば諦め気味のお触れも出ています。

先の狂歌も、成立時期のことを措くとすれば、確かに一つの史料でしょう。ところが、これに反する史料が膨大に存在する以上、その狂歌だけを史料とすることは誤っています。特定の偏った史料だけを用いて語られる歴史は、幕末に関しては非常に多いことを指摘しておきます。

4　最前線浦賀奉行所の奮闘

太平洋から江戸湾に入ろうとする艦船の視点で表現すると、つまり、ペリーの身になっていい表わすと、相模灘から浦賀水道に差し掛かると右手に房総半島が迫り、左手に観音崎灯台が見えてきます。この観音崎灯台と久里浜との中間辺《あた》りに浦賀があります。

湾の幅は一段と狭くなり、水深の浅いこの先へ進むことには当時の異国船も危険を感じたに違いありません。ペリー艦隊がしきりに測量を行ったのは、決してポーズだけではなかったのです。

幕府は、観音崎と房総半島富津を結ぶ線を江戸防衛の防衛ラインとしていました。これを後に、国防上の公式の防衛ラインとしたのは、咸臨丸で太平洋を横断した小野友五郎の海防構想を採用したことに由《よ》ります。この時代、江戸防衛とは、「国防」と殆ど同義なのです。

現在の浦賀は横須賀市に属する一地域ですが、今の横須賀市浦賀・同西浦賀町・同東浦賀町を併せた一帯が当時の「浦賀」に当たります。

浦賀は古くより「江戸湾の咽喉《いんこう》を扼《やく》する」といわれた要所でした。戦国期は、北条氏の水軍の拠点でもありました。つまり、海上往来の要衝として知られてきた歴史をもっていたのです。

振り返りますと、浦賀の、この地理的、地政学的特性に目をつけたのは、徳川家康です。家康は、ウイリアム・アダムスを使ってスペイン商船を自領となった浦賀湊に入港するように働きかけ、これに成功しました。「関ヶ原の合戦」「慶長五（１６００）年」の直後といってもいい慶長九（1604）年のことです。家康は海外交易には強い意欲をもっていたのです。

このスペイン商船の寄港がきっかけとなって、浦賀はガレオン船の寄港地として栄えました。いってみれば、我が国最初の国際港であったのです。

ガレオン船とは大航海時代を切り開いたキャラックから発展した船型のことで、4～5本の帆柱、1～2列の砲列を備えていました。幅と全長の比が一対四という縦長で、見た目がスマートであるだけでなく荷が多く積め、吃水《きっすい》が浅いのでスピードも出るのです。反面、安定性に欠けるので転覆しやすいというデメリットもありました。

フィリピンのマニラとメキシコのアカプルコを往復したガレオン船を「マニラ・ガレオン」といいますが、これが年に一～二度太平洋を横断していたのです。浦賀に寄港していたのは、このマニラ・ガレオンなのです。

なお、甲板を多層化し、より多くの大砲を備えて海上戦闘に特化したガレオン船を「戦列艦」といいます。

大航海時代が終わって大英帝国の時代になると、即ち十九世紀に入ると、イギリスのブラザーズ号、サラセン号、マリナー号、アメリカのモリソン号、マンハッタン号、コロンバス号といった商船、捕鯨船、軍艦（戦列艦）が次々と浦賀に現れました。入港して補給を受けた船がある一方で砲撃を受けた船もあります。

日本側のこの対応の違いは何に由来したのでしょうか。それはいうまでもなく幕府のその時点の方針なのです。

もともと異国船に対しては、幕府は、水・食糧の提供を始めとして人道的な対応をするのが普通でした。それが異国船打払令［文政八（１８２５）年］が発令されると、日本側は砲撃して撃退するようになったのです。天保八（１８３７）年に来航したアメリカ商船モリソン号が砲撃されたのはその例なのです。

ところが、天保十三（１８４２）年に「天保の薪水《しんすい》給与令」が発令され、天保十六年に来航したアメリカ捕鯨船マンハッタン号は漂流民を引き渡した後、水・食糧などの補給を受けています。

徳川幕府は、開国させられるまでは外国船を打払っていたなどという幅広く信じられている話は全くのでたらめです。

ここで大事なことが二つあります。

一つは、私が「徳川近代」と呼んでいるこの時代、浦賀は既に国際的に一定の知名度を得ていたことです。ペリーは、偶々《たまたま》浦賀沖に差し掛かったわけではないのです。

今一つは、異国船に対しては一貫して浦賀奉行所が矢面に立って対応してきたという事実です。つまり、ペリーが来航するまでに浦賀奉行所は、異国船来航についてそれなりの経験を積んでいたということです。

ペリー来航は、それまでの異国船来航以上に政治的には難題でした。ただ、政治的に難題であったからといって、それがパニックに繋がるようなことにはなりません。政治的、外交的に難題が持ち上がったからといって国を挙げて上を下への大騒ぎになるなどという後の明治政府の作った物語はあまりにも稚拙過ぎるといえるでしょう。

後段で触れますが、浦賀奉行所の与力・同心たちは、ペリーたちに対しても実に冷静に対応しています。

浦賀は周囲を小山に囲まれた港町であり、東浦賀と西浦賀に分かれていました。天保年間には東西合わせて千軒、人口は4300人に達しています。干鰯《ほしか》、茶、煙草などの問屋が立ち並び、国内交易拠点らしい、また物流拠点らしい賑わいをみせていたのです。

浦賀奉行所は西浦賀に在りました。平時の奉行所の実務は、「諸国廻船改め」と「関銭」（関税）の徴収です。とはいえ、実際には「三方問屋」がこれを請け負っていて、奉行所は監督するだけでよかったのです。

三方問屋とは、東浦賀問屋、西浦賀問屋、下田問屋のことをいいます。浦賀奉行所は下田奉行所が移転して成立したもので、その際浦賀での商いを許された、もともと下田にあった問屋を下田問屋といったのです。

幕府の役職は、大概二人制です。遠国《おんごく》奉行の一つである浦賀奉行もペリー来航時には既に二人制になっていました。一人は現地、一人は江戸詰めです。文化元（１８０４）年時点ではまだ一人制でしたが、その頃から禄高は千石、役料五百俵で変わりません。配下に与力十騎、同心五十人に加え、足軽・水主《かこ》が付きましたから、体裁としては立派なものです。

与力は御家人ですから、お目見えは叶いません。俸禄は七十俵。幕府の一俵は三斗五升ですから、二十四石五斗となります。

同心は二十俵二人扶持（十石六斗）。これが最も身分の低い幕臣となります。

しかも、与力も同心も一代限りの「御抱席《おかかえ》」であったのです。与力の息子が親と同じ与力になったとしても、建て前は新規採用であって世襲ではなかったのです。しかし、そこはフレキシブルな幕府のこと、息子が十四、五歳になって与力見習として出仕した場合、親の隠居が認められると息子は与力となることが多かったのです。何のことはない事実上の世襲なのです。

とはいえ、これは町奉行所でも同じでしたが、与力・同心とは本来罪人を扱う「不浄役人」と呼ばれる身分です。転役・転勤もなければ出世も全くありません。今どきの言葉でいえばモチベーションの維持すら難しい身分であったといえるでしょう。

ペリー来航時の浦賀奉行戸田氏栄《うじよし》は、与力も同心も御抱席、事態が差し迫った状況になれば皆身を引くのではないかと心を痛めていたことが分かっています。幕府に対するロイヤリティや仕事に対するモチベーションなど、その身分、待遇を考えればとても期待できなかったのです。

ところが、幕末動乱の無法と混乱の渦巻く「徳川近代」という時代になっても幕府官僚というものは、下っ端役人と雖《いえど》も徳川直参としての生き方のスジというものを多くの者が失ってはいませんでした。中にはかなり〝上質のスジ〟を貫こうとした者が、散々外圧に苦しめられてきた浦賀奉行所にも立派に生きていたのです。

その代表格が中島三郎助という与力です。

嘉永六（１８５３）年六月三日午後五時頃、ペリー艦隊は浦賀沖に投錨しました。この時、旗艦サスケハナ号に最初に乗り込んだのが中島です。

中島三郎助永胤《ながたね》。文政四（１８２１）年正月二十五日生まれ。浦賀奉行所支配組与力中島清《きよ》司《し》の子で、自らも筆頭与力となり、異国船対応、砲台建造、浦賀港改修、軍艦建造に携わった、歴史に名を刻んでおくべき誇り高き下っ端役人です。

与力仲間に香山《かやま》栄左衛門という人物がいますが、官軍の書いた明治維新物語とでも呼ぶべき維新史では、おそらく香山の方が有名でしょう。

香山は、スマートな立ち居振る舞いができる与力で、ペリー艦隊幹部たちの受けもよかったようです。これに対して中島は、彼らからかなり嫌われていました。彼らにとっては、気難しく頑固な役人であったのです。

中島たちは何度も旗艦サスケハナに出向いていますが、中島は乗り込んでくる度に、とにかくあちこちを測りまくるのです。船腹の長さは勿論、砲台から砲そのものの寸法まで細かく測り、しきりにメモをとる。パーティの席上でも香山が見事に外交辞令に沿ったスマートなスピーチをするのに対して、中島は周りの文物をしきりに観察するといった具合でした。ペリー艦隊の幹部から見れば、中島は粗野な人物に映ったのです。

艦隊幹部が中島を驚かそうと考えて、二人を蒸気船の機関部に案内したことがありますが、これには二人とも全く驚かず、逆に幹部たちがそれに驚いたことがありました。

彼らは、浦賀奉行所には海事知識の蓄積があること、与力たちにも外国船対応の経験があることを知らなかったのです。下っ端役人と雖も、浦賀の与力たちが四隻ぐらいの艦隊に驚愕することなどなかったのです。

第2節で述べた通り、ペリー来航時の幕閣の責任者である老中首座は、阿部正弘です。阿部は浦賀奉行所に合衆国大統領国書を受け取らせました。

この和訳文を幕臣は勿論、諸大名、諸藩士から町方に至るまで広く一般に開示するという、これまた前代未聞の手を打ったことにも触れました。

これに応じて寄せられた意見書（答申）は、大名関係から約二百五十件、幕臣からは約五百件に達しました。

浦賀奉行所与力中島三郎助も、二つの答申を提出しています。その骨子は以下の通りです。

嘉永六年八月の答申「異国船渡来の儀につき御警衛筋愚意申し上げ候書付」
・日米の戦力格差を考えれば打払いは不可能。交易を許容しなければ争端を発するきっかけとなる。
・三、四ヵ年の間、我が国で格別要用のない品と米国の銃器類を交易する。
・近世諸外国は絶えず戦争を行い、兵法を開き、蒸気船を用いて万里の波濤も一瞬にして航海している。我が国も数艘の軍艦を製造して海外に渡海し、諸外国の形勢を探索することが肝要。
・富津と観音崎辺りは殊に要害の地であるから台場と大砲を増強すること。
・江戸湾内においては、相模側の十石旗山、猿島、夏島、本牧、神奈川などの要所に台場を新築すること。殊に羽田においては浅瀬を埋め立て台場を造成し、長大な加農《かのん》砲を多く備えること。
・大森、品川、芝、築地、鉄砲洲、佃島辺りにも台場を新築すること。
・内海は大諸侯数家に防備を仰せつけ、海岸隠蔽の場所数カ所に戦艦数十艘を待機させること。

・海岸地帯の防衛はすべて大諸侯の責務とし、大諸侯の所領は海岸の領国とし、旗本は内地へ所替えすること。

・諸侯の負担を軽減するため、参勤交代を緩和すること。

・海岸筋の漁師百姓に武術修業させて農兵の制を敷き、諸侯には火器及び軍艦の製造を仰せつけること。

・どの国に対しても穏当の取り扱いを以て交易を許容すべきこと。

中島三郎助は、この提言書の末尾を次のように結んでいます。

「なにぶん御気長の御取扱を以て永世不朽の御奇策肝要の儀と存じ奉り候」

長期的な展望を以て行うことの重要性を指摘したこの締めのひと言は、非常に重要です。

嘉永六年九月の答申「浦賀表海防の儀につき愚意申し上げ奉り候書付」

・外寇防禦《がいかんぼうぎょ》については観音崎・富津の海峡で阻止することが基本であるが、両岸の砲台のみにて阻止することは困難で、異船同様進退自在の軍艦を蒸気船六艘を含む三十艘ほど用意し、浦賀沖より富津・猿島までの間において防戦する。
・浦賀奉行は異船撃退のため軍艦の一隊をもつべきこと。
・軍艦建造のうち三分の一は浦賀奉行に命じ、残り三分の二は警備の四藩に申しつけられること。
・浦賀奉行は二人とも浦賀在勤とし、非常の際は一人は軍艦に乗り込み沖合で指揮し、一人は江戸との連絡窓口を務めつつ陸上で指揮をとることとする。

以上の中島三郎助の答申は、現場を知り尽くしている与力だけあって十分具体性を備えているといえるでしょう。

注目すべきことは、ペリー来航直後のこの時点で蒸気船軍艦の建造に言及していることですが、彼らには、直ぐ蒸気船軍艦の建造を意識するだけの知識と経験の蓄積があったということなのです。

列強の来航は、ペリー来航の約半世紀も前から始まっており、海防（国防）戦力保有の必要性については浦賀奉行所だけではなく幕府内の意識は十分熟していたのです。

更に気づいておくべきことがあります。

与力とは、同心と共に徳川直参の末席も末席の身分です。しかし、立場は立場として彼らは武家の「個」として自立していたことが解ります。武家として一人ひとりが独立していたといえます。天下国家の施策を建言する意識の基盤には、「個」の武家としての自立心があったことに着目すべきでしょう。

徳川近代という時代の武家官僚の優秀さについては改めて指摘するまでもありませんが、彼らがテクノクラートとして自立していたことが今日の官僚との決定的な違いであるといえるのではないでしょうか。

なお、中島の上司、浦賀奉行戸田氏栄は阿部が広く意見具申を求めたことについて、

「上書盛んに相成りアメリカのことは市童のものまであれこれと申し候」

と、強く批判しています。浦賀奉行が老中首座の施策を批判しているのです。

彼は、アメリカへの対応は幕府自身が明確な方針を定めて交渉すべきことという立場を採っていました。責任のない者の建言を聞いてばかりで「何の御用に相成るべきや」と怒っているのです。

治世とは、誰のために行うのか。政治とは誰に向き合って行うのか。浦賀奉行の公然とした

怒りの表明と、今の霞が関、永田町人種のあり様をよく見比べていただきたいものです。

ところが、既述したことを敢えて繰り返しますが、大統領国書を広く公開して意見を求めながら、阿部は以下の決定を下し、或いは施策を並行して実施しているのです。

・これまでの江戸湾防備計画を見直すため、若年寄本多忠徳らに見分を命令
・オランダからの軍艦輸入を決定
・大船建造禁止の令を解除
・浦賀奉行所と水戸藩に対して大型洋式軍艦の建造を命令
・江川英龍《ひでたつ》に対して蒸気船の製造を命令
・薩摩藩の軍艦建造計画を許可
・品川台場の築造を決定

実に大胆な決定ですが、これが「瓢箪なまず」阿部正弘の正体であるとみるべきでしょう。

黒船来航で上へ下への大騒ぎ……とは、明治新政府の創作による「黒船物語」ですが、徳川海軍の創建、国防体制の整備を目指していた時の徳川政権からすれば、ペリー来航が恰好の追い風となったことは確かなのです。

時は少し下って文久元（１８６１）年七月、幕府は軍艦奉行に属する新たな役職を設置しました。軍艦頭取と軍艦組です。軍艦頭取は、高（場所高）二百俵、役扶持十五人扶持です。軍艦頭取に任命されたのは、矢田堀景蔵、伴鉄太郎、小野友五郎の三名です。軍艦組には、鈴木録之助、福岡金吾、根津欽次郎、渡辺信太郎らが就任しました。

幕末動乱史、明治維新史の実態を考える時、彼らの名前は、誰もが度々遭遇する徳川近代の現場を支えたお馴染みの面々です。ここに挙がった名前の殆どを全く知らないとすれば、厳しい言い方ですが、それはあなたのこの時代についての歴史知識が著しく歪んでいると言い切っていいでしょう。

しかし、それは恥ずべきことではありません。徳川海軍を研究する学者でさえ、いまだに勝海舟を持ち出して海軍を語ろうとするのです。これは、明治新政府が設定した勝海舟の位置づけを盲目的に大前提として海軍を語っているのであって、フィクションによって成立している部分の多い坂本龍馬や吉田松陰を軸にして維新史を語ろうとする態度と全く同じなのです。

結局、歪んでいるのは基礎的な我が国の歴史教育そのものなのです。

右記の面々を指揮する立場にいた官僚クラスには、小栗上野介を筆頭にして水野忠徳、永井尚志《なおゆき》、田辺太一《やすかず》、川路《かわじ》聖謨《としあきら》、木村喜毅《よしたけ》、岩瀬忠震《ただなり》、井上清直等々の徳川外交を担った優秀な官僚群がいたわけですが、その知名すらすべては怪しいとなるとさすがにそれは問題で、とりあえず今の歴史認識のまま幕末史を声高に喚くことは遠慮されるべきでしょう。

そのことはともかく、軍艦頭取、軍艦組を新設したということは、洋式艦船の指揮を執る海軍士官の役職が正規の幕府職制の中に初めて置かれ、軍艦奉行―軍艦頭取―軍艦組という指揮系統が成立したことを意味するものです。つまり、文久元年のこの時、幕府海軍が「制度」として成立したとみることができるのです。『幕末の海軍』（吉川弘文館）の著者神谷大介氏（東海大学）も同じ見方をしています。文久元年といえば、ペリーの黒船来航から僅か八年後のことになります。

翌文久二（1862）年五月には、江戸湾を囲む各台場と連携して江戸湾防衛を目的として実用化に成功した初めての国産蒸気軍艦「千代田形」のキール釘締め式が行われました（進水式は翌文久三年）。つまり、黒船来航から僅か十年という短期間で幕府は、規模はともかく徹底した「専守防衛」という明確な目的意識を以て徳川海軍を成立させたのです。

そして、徳川海軍には、対外進出という意識は微塵《みじん》も存在しなかったことを強く付言しておきます。

もし、幕府が黒船来航を天変地異のように受け止めて江戸社会が狂乱して大パニックに陥ったとする明治新政府の創作した歴史叙述が史実であるならば、僅か十年で海軍を創建するなどということが不可能であったことはいうまでもありません。

既に何度も述べましたが、幕府には、具体的には浦賀奉行所にはそれだけの知識の蓄積、経験の蓄積があったということなのです。

ペリーが翌年の再来を宣言してひとまず日本から去るや否や、幕府は猛烈なスピードで海防（国防）体制の再構築に取りかかりました。

一般には台場の建造が有名ですが、それだけで海防が成立するなどと考えていたわけではなく、台場建造もどちらかといえば阿部の得意とする（悪い癖ともいえますが）パフォーマンスの意味合いが強いと捉えるべきでしょう。

台場については、ペリー来航以前から浦賀奉行所が浦賀一帯に十指に余る台場を建造しており、要所を選んで建造しているとはいえ浦賀奉行所はもとよりこの時代の幕閣や官僚の海防意識のレベルとは台場にウエイトを置くような低いものではなかったといえます。

このことについて蛇足ながら付言しておきますが、勝海舟が何かにつけて「三十年はかかる」「五百年かかっても無理」などと、日本人の技術開発能力、海外先進技術の受容能力を過小評価する発言を繰り返していたことに留意する必要があります。誤りの多い『氷川清話』だけでなく、彼の著作の史料価値判断を誤ってはならないということです。

徳川海軍創建という大事業の中心には、常に浦賀奉行所があり、奉行所与力・同心たちがいました。中でも与力中島三郎助は、生涯をこの国家事業に奉げたといっても過言ではありません。

長州の桂小五郎が浦賀奉行所を見学に来たことがありますが、桂は中島について「側にいて話を聞いていると気分が晴々するような人」と評しています。

痩身で眼光鋭く剛毅な性格。長崎海軍伝習所に派遣されて造船学を修め、我が国最初の洋式軍艦鳳凰丸を建造した中心人物の一人。喘息もちでありながら、軍艦操練所教授方出役《でやく》、教授方頭取出役、軍艦頭取出役、軍艦役などを歴任し、近代的な徳川海軍の創建に大を為した人物。

そして、彼こそがペリーの黒船に小舟で乗り寄せた最初の日本人であったのです。

こういう、御抱席の御家人身分で忠誠心など期待できないとみられていた浦賀の下っ端役人が、「主家報恩のために出陣するなり」というひと言を残して与力同心仲間十名とその子弟、己の二人の息子共々、浦賀からは遠く北の果て箱館まで流れて、榎本武揚《たけあき》、永井尚志、土方歳三《ひじかたとしぞう》、伊庭《いば》八郎、元フランス軍士官たちと共に最後の戊辰《ぼしん》戦争・箱館戦争を戦ったのです。

明治二（１８６９）年五月十一日、常に退《ひ》くことを拒み続けた元新撰組副長土方歳三、一本木関門にて戦死。五月十五日、最後の新撰組が守る弁天崎台場陥落。残るは中島三郎助率いる千代ヶ岡台場のみとなりました。

土方同様、この男もまたどこまでもスジを通して薩摩・長州軍の降伏勧告を拒否し続けましたが、五月十六日、薩長新政府軍の総攻撃を受け、中島は胸部に銃弾を受けて絶命。息子恒太郎と英次郎は抜刀して斬り込み、憤死。浦賀以来の近藤彦吉、福西脩太郎たちも戦死しました。

中島隊憤死のこの地は今、中島町と呼ばれています。

5　ペリーを圧倒した初めての日米交渉

ペリーを相手にした第一回の日米交渉は誰が行ったのか、不思議なことにこのこともあまり語られません。

歴史的な最初の日米交渉の日本側代表は、林大学頭復斎《だいがくのかみふくさい》です。この交渉によって合意し、締結されたのが「日米和親条約」（神奈川条約）です。

林復斎は、林家中興の祖と評される林述斎の六男として生まれ、日米修好通商条約を締結した岩瀬忠震《ただなり》、箱館奉行を務めた堀利熙《としひろ》は復斎の甥に当たります。つまり、和親条約を叔父が、通商条約を甥が締結したことになります。

林家とは、代々「大学頭」を名乗り、林大学頭家ともいわれますが、大学頭とは武家官位の一つで、幕府の儒官の最高位の名称です。元禄四（1961）年に林家第三代林信篤が初代大学頭に任命されて以来、林家が世襲しました。昌平坂学問所の管理運営や通信（外交）を役目としましたが、強いて現代の閣僚に当てはめれば文部科学大臣といったところでしょうか。通信を所管したといっても、決して外務大臣という性格は帯びていませんでした。

復斎は、第二林家の養子となってその家督を継ぎましたが、ペリーが来航した嘉永六（1853）年に林大学頭家第十代林壮軒が死去したため、五十四歳にして急遽大学頭家を継ぎました。

ただ彼は、それまでに紅葉山文庫の書物奉行、二ノ丸留守居、先手《さきて》鉄砲頭、西丸留守居などを務めており、官僚としての評価も高かった人物です。勿論、幕府官学を正しく継承する役割を担う林家の人間らしく学問的素養も高く、昌平黌《しょうへいこう》（昌平坂学問所）の「総教」（塾頭）を務めた秀才でもありました。彼もまた、徳川近代という時代を支えた切れ者の一人であったのです。

先に、老中首座阿部正弘が我が国の対応について外様大名から民間に至るまで幅広く意見を求めたことを述べましたが、大統領国書受理直前に林大学頭復斎の門下生である仙台藩士大槻平次が、林の諮問《しもん》に答えています。その骨子は、次の通りでした。

・黒船4隻の戦力は強大であるが、彼らには交戦の意図は全くない。彼らには補給線がないからである。
・彼らの意図は、蒸気船用の石炭補給地の確保である。薪水給与地として下田や鳥羽の案があるが、下田の場合は韮山代官江川英龍を登用すべきである。
・彼らが万里の波濤を越えて、断固たる決意を以て来航したからには、当方も多少は「御聞届」（妥協）すべきであろう。
・四藩による海岸防備の費用は莫大で、このままでは疲弊する。
・交易は許すべきではない。

見事なものであるといわざるを得ません。補給線のことを理由としてペリーに交戦の意図なしと、明快に読み切っています。

先の中島三郎助の提言が、浦賀奉行所という最前線の奉行所与力らしく安全保障面に力点を置いたものであるのに対して、大槻の答申は、政治的色彩が濃厚であるといえるでしょう。

この、林復斎の諮問に応えた私的な意見具申は、幕閣にも回覧されました。そのことを考えると、後に「応接掛」（交渉団）の全権を林が務めたところから、史上初めての日米交渉に当たった幕臣外交団のスタンスに大きな影響を与えた可能性があります。

既述した通り、幕府は一年ほど前からペリー来航を把握していました。艦名も、司令長官がオーリックからペリーに代わったことも把握していたのです。そして、来航地を長崎か浦賀と予測し、事前に長崎のオランダ通詞の配置転換、浦賀奉行所の体制強化を図っています。

そして、もっとも重要なことは、幕府が「避戦」を基本方針としていたことでしょう。

凡そ外交という国家行動を考える時、軍事力という力の背景をもたない外交交渉というものは成立しません。しかし、幕府はまだ海軍力をもっていませんでした。それでも海軍力以外の軍事力を検討し、日米の軍事力を比較分析したようですが、その結論が「避戦」であったのです。要するに、勝てぬ戦《いくさ》は避けるということです。

「元和偃武」という平和コンセプトともいうべき治世の基本方針を掲げて以来二百数十年、「避戦」、「非戦」は徳川幕府の基本方針であり続けました。現実論も踏まえた上で、幕府は初めての日米交渉においてもこれを貫こうとしたのです。

さて、ペリー再来航の直前、幕府はペリーとの談判に臨む応接掛を編成しました。林大学頭復斎、町奉行井戸対馬守覚弘《さとひろ》、目付鵜殿《うどの》民部少輔、儒者松崎満太郎、これに江戸詰め浦賀奉行伊澤政義を加えた5名です。

閉鎖体制を採っていた徳川幕府には、外交を専門に担当する組織は存在しません。従って、今日でいう「外交官」もいないのです。若干乱暴な話ですが、林復斎は学問ができる、だからお前がやれ、といった感じでいわゆる全権に指名されただけなのです。加えて復斎は、前述した通り大学頭を継いだばかりでした。

ところが、この林大学頭がペリーを相手にして見事な外交交渉を展開したのです。前述したように、ペリーはさまざまな制約を受けて交渉に臨んでいますが、それを差し引いてもこの交渉は幕府外交団が押し気味であったといえます。少なくとも、全く対等に渡り合っているのです。

その後の明治から令和に至る近代百五十余年間における日米交渉において、日米が実質的にイーブンに渡り合ったことは一度もありませんが、それ故にこの歴史的な第一回日米交渉の詳細は、薩長史観による官軍正史では語られることが殆どなかったのです。明治近代になってからは全くできないことを、徳川近代ではやっていたということは、今日に至るまでの明治近代政権にとっては都合が悪いのです。

加藤祐三氏が『幕末外交と開国』（講談社）において、この交渉過程をかなり詳細に整理しています。そして、平成三十（２０１８）年、大阪学院大学森田健司教授が、遂に『現代語訳墨夷《ぼくい》応接録』（作品社）を初めて単行本で発表しました。

『墨夷応接録』の発表を「遂に」といったのにはわけがあります。

これは、林復斎を全権とした外交団による交渉の公式記録なのです。黒船来航を語る時、明治以降の日本人は、今日に至るも殆ど『ペリー艦隊日本遠征記』(ペリー提督日本遠征記)を唯一の史料・資料であるかのようにして、これに頼ってきました。つまり、日米交渉を考察するについても、相手方の記録を尊重し、自国の外交団の公式記録である『墨夷応接録』を見事に無視してきたのです。

当然といえば当然ですが、『ペリー艦隊日本遠征記』は、ペリーサイドにとって都合の悪いことは記載しないか、脚色しています。そのため、日本の歴史教科書は、いわゆる開国の経緯や黒船来航について、今でも明白な誤りを堂々と記載し、学校ではそれを臆面《おくめん》もなく教え込んでいるのです。

作品社刊の同書において、森田氏は一例として山川出版社刊『詳説　日本史』の明白な誤りを具体的に指摘していますが(同書226頁)、このような誤りは山川出版社の教科書だけではありません。そもそも『墨夷応接録』は、そういう教科書を始めとした公的な歴史書の誤りを正そうとしているのです。

同書において、森田氏は次のように述べています。

——教科書のみならず、「武力に屈した」に類する言葉が、「黒船来航」を語る際には常に付加されている。そのことによって生じた歴史認識上の問題は、想像以上に深刻と思われる。われわれは、鎖国という「ぬるま湯」に浸かっていた幕閣が、国際的感覚を持つアメリカの使節によって「冷や水」をかけられ、止むを得ず国交を結んだ、という虚偽の事実を教え込まれてしまったのである。(中略)

上記のような認識の背景には、明らかに『ペリー艦隊日本遠征記』がある。確かに、同書を読むと、頑迷で不誠実な日本という国を、アメリカが開国に「善導」したという印象を受ける。そして、国際的に見れば随分と立ち遅れていた日本は、結果として「アメリカ側の要求通りの条約」を結ばされてしまったかのようにさえ感じられるだろう。

しかし、少し冷静になれば、次のように思い至るのではないか。それはすなわち、同書の記述が、全く公正なものであるという保証など、どこにもないということである。通常、このような二国間の交渉の実像を知るためには、最低でも、両陣営の「いい分」を聞く必要がある。至極当たり前の話だろう。

ところが、アメリカ側の「いい分」である『ペリー艦隊日本遠征記』のみが日本で親しまれたことによって、明らかな事実誤認やそこから生じた「幕府無能無策説」が、あろうことか教科書にまで影響を及ぼしてしまっているのである。これによって、江戸時代と幕藩体制とは、転覆されて然るべき「旧き悪しきもの」との認識が生まれても、全くおかしなことではない。――

森田氏の指摘するスタンスをベースに置き、林とペリーのやり取りを、一部紹介しておきましょう。

なお、表現はあくまで発言主旨であって、現場での発言そのものではありません。そして、このやり取りは、外交団が公式記録として残した『墨夷応接録』とペリーの海軍長官宛報告（米国議会文書）をベースにしています。

林とペリーの交渉は、嘉永七（１８５４）年二月十日から始まりました。

先ず林が大統領国書に対する回答を行います。

林　貴国大統領書簡で要望があったものの内、薪水食糧と石炭の供与は差支えない。漂流民の救助も我が国法通りである。以上二条は了承するが、交易等は承諾しかねる。

この時、ペリーは別件をもち出します。

ペリー　ミシシッピー号の乗組員一名が病死した。海軍の慣例では、その地で当方の自由に埋葬する。地形などから夏島を希望するが、承知願いたい。

林　不憫《ふびん》に思う。軽輩とはいえ人命に軽重はない。我が国では寺に葬るのが常であり、いずれの国の者でも無人の地（夏島）に葬るのは不憫である。浦賀の燈明台の下は如何か。

ペリー　ここから浦賀に送るのは手間取る。今回の交渉により、どこかの港にアメリカ人の滞在が可能となるはずである。その都度浦賀まで行くのは大変である。

林　浦賀には外国船は入れない。墓参が必要なら、その時に改葬されればよい。

これに対してペリーは「ご配慮に感謝する」としかいえませんでした。この話題は、明らかにペリーのジャブでしょう。

ここでペリーは一気に攻勢に出ます。

ペリー　我が国は人命尊重を第一として政策を進めてきた。自国民は当然のこと、国交のない国の漂流民でも救助し、手厚く扱ってきた。しかるに貴国は人命を尊重せず、近海の難破船も救助せず、海岸近くに寄れば発砲し、漂着した外国人を罪人同様に扱い、救助した日本人を送還しようにも受け取らない。自国民をも見捨てているようにみえる。これらは、如何にも道義に反する行為である。

我が国のカリフォルニアは、太平洋を挟んで日本国と相対している。今後、往来する船は増えるはずであり、貴国の国政が今のままでは困る。多くの人命に関わることであり、放置するわけにはいかない。国政を改めないならば、国力を尽くして戦争に及び、雌雄を決する用意がある。我が国は隣国メキシコとの戦争で、その首都まで攻め取った。事と次第によっては貴国も同じようなことになりかねないであろう。

これは、ペリーのあからさまな恫喝です。これに対して林が反論します。

林　戦争もあり得るだろう。しかし、貴官のいうことは事実に反することが多い。誤った伝聞をそのまま信じ込んでいるようである。我が国政に疎《うと》いのはやむを得ないが、我が国の人命尊重には世界に誇るべきものがある。この三百年にも亘《わた》って平和な時代が続いたのも、人命尊重があってのことである。

第二に、大洋で外国船を救助できなかったのは、大船の建造を禁止してきたからに過ぎない。

第三に、他国船が我が国近辺で難破した場合、必要な薪水食糧には十分な手当てを行ってきた。貴官の指摘は事実に反しており、漂着民を罪人同様に扱うというのも事実に反している。漂着民は手厚く保護し、長崎に護送、オランダを通じて送還している。貴国民の場合も同様であり、既に措置を講じて送還済みである。貴官が我が国の現状についてよく考えれば、疑念は解消する。積年の遺恨もなく、戦争に及ぶ理由はない。とくと考えられよ。

ペリーは、「今後も薪水食糧石炭の供与と難破船救助を堅持されるなら結構である」と、引き下がらざるを得なかったのです。林の反論は実に冷静であり、ペリーの「戦争」という言葉を使った脅しは全く通用しませんでした。

しかし、ペリーの攻勢は続きます。

ペリー　では、交易はなぜ承知されないのか。そもそも交易とは有無を通じ、大いに利益のあることであり、最近はどの国も盛んに行っている。それにより諸国は富強となり、貴国の国益にも適う。ぜひそうされよ。

林　交易が有無を通じ国益に適うといわれたが、我が日本国においては自国の産物で十分足りており、外国の品がなくても全く事欠かない。従って、交易は行わない。先に貴官は、第一に人命の尊重と船の救助と申された。それが実現すれば、貴官の目的は達成されたはずである。交易は人命と関係ないではないか。

この林の反論にペリーはしばらく沈黙し、一度別室に下がった後に回答しました。

ペリー　もっともである。この度の目的は、人命尊重と難破船救助が最重要課題である。交易は国益に適うが、確かに人命とは関係がない。交易の件は強いて主張しない。

この瞬間、ペリーは「通商」要求を取り下げてしまったのです。

これについては、ペリーが交渉の優先順位について混乱していたとする見方もありますが、いずれにしても、一貫して林復斎の冷静な対応が目立っています。日本側は、事務方の対処も実に迅速であり、終始想定しておいたストーリーを乱すことはなかった様子が窺えます。

この交渉を経て締結された「日米和親条約」は、林が署名の仕方までペリーの主張に従わず、我が国の流儀を押し通したこともあって、漢文版、日本語版、英語版、オランダ語翻訳版のどれが正本なのか分からないという奇妙な形になっていますが、アメリカ側が主張した二十四カ条は簡略に十二カ条に圧縮されてしまったのです。

幕府は、避難港として箱館と下田を開港し、十八カ月以降にアメリカの領事または代理人の駐在を許可しました。そして、アメリカに最恵国待遇を付与しましたが、治外法権は一切認めなかったのです。

このように、史上初めての日米交渉は、アメリカの勝利とはいえませんでした。むしろ、日本側に分があったといっていいでしょう。全権個人に対する評価をするならば、所詮外交官ではなかったペリーにとっては荷が重かったといえるかも知れません。林の論理展開力は、明らかにペリーを上回っていたのです。

繰り返しますが、一般論として、国家としての軍事力の裏付けのない外交交渉は成り立ちません。このことは、現代に至るも全く変わっていないのです。現在の日本が中国やロシア、北朝鮮だけでなく、アメリカや韓国に対する外交を推進していく上でも全く同じなのです。

ところが、幕府はまだ海軍力をもっていません。ペリーは、海軍力を背景にして交渉に臨んでいます。そして、林もまた本来の外交官ではありません。

林だけでなく、この外交交渉は日本人にとって初体験であったのです。そのような状況で、何故林はペリーを圧倒する外交交渉ができたのでしょうか。

ひと言でいえば、林を支えていたものは、武家の堅持していたアイデンティティというものでしょう。加えて、確固たるアイデンティティに裏打ちされた胆力というものが備わっていたということではないでしょうか。

このことは、私と前出森田健司氏との対談の場でも話題となりました。森田氏も、

「現代でも、そういうことをできる日本人は少ないと思います。むしろ、当時より減っているでしょう。外交経験もない中で、武家としてのアイデンティティを以て交渉に当たれたというのは、純粋に尊敬できます」

と述べた上で、更に、

「最終的には自分で何らかの責任を取る覚悟があるからこそ、例えば川路聖謨の判断や林大学頭の論理は、力をもち得たのでしょう」（以上『明治維新　司馬史観という過ち』悟空出版）

という見方をしています。

この時点で、林以下の日本側外交団が、ペリーが本国指令の強い制約下にあったことをどこまで知っていたかは定かではありません。しかし、徳川日本を代表し、強大な軍事力をもつ国家の全権代表から「戦争をするぞ」と脅されて、相対する軍事力ももたないのに「それもあり得るだろう」と堂々と受け止めた林大学頭復斎。確かに森田氏の指摘する通り、責任はこういう形でとるという精神文化で育った人間が、権限を与えられて交渉しているのです。確固とした覚悟が最初からあったからこそ、述べてきたような全く引けをとらない交渉ができたのではないでしょうか。

平成末期以降の我が国の政権が、アメリカには常に卑屈に従順な姿勢しか示せず、ロシアには結局振り回されていただけという醜態を晒している様《さま》をみるにつけ、徳川近代政権の堂々たる外交姿勢にはただ感嘆させられるのです。

交渉に先立ち林復斎が幕閣に対して、

「手前どもにお任せいただきたい」

といい放っていたことを付言しておきたいと思います。

6　不平等条約ではなかった通商条約

薩摩・長州が徳川幕府を倒し、明治新政府を立ち上げて以来この百五十年強の間、私たち明治近代の日本人が「不平等条約」「不平等条約」といって蔑《さげす》んできたのが、「日米修好通商条約」です。この条約は、それほど屈辱的なものであったのでしょうか。

そのポイントを整理しておきましょう。

この条約を、不平等、不平等と非難する明治近代の日本人は、林復斎が堂々とペリーと渡り合って成立した先の「日米和親条約」のことを全く無視しています。中には、ペリーが黒船でやってきて、弱腰の江戸幕府にいきなり不平等な通商条約を押しつけたというような、滅茶苦茶な歴史フィクションを〝知識〟と信じている人がなんと多いことでしょう。

先の「日米和親条約」において林復斎は、十八カ月後から合衆国官吏を下田に駐在させることを認めました。それに基づいて、安政三（１８５６）年七月、ハリスが下田に来航し、同年十二月から蕃書調所《ばんしょしらべしょ》において岩瀬忠震・井上清直とハリスとの間で通商条約交渉が始まったのです。

つまり、叔父が和親条約を締結し、その流れで甥が通商条約を締結するという恰好になったのです。なお、この時下田奉行であった井上清直とは、やはり対外交渉で力を発揮し、ロシア全権プチャーチンをも感嘆させた直参テクノクラート・川路聖謨の実弟です。

ハリス来航を受けて、岩瀬は下田出張を命じられ、同年九月九日、初めてハリスと対面しましたが、あまり好ましい第一印象をもたなかったようです。むしろこの時、オランダ船将ファビウスと親しくなり、彼から多くの影響を受けました。

ファビウスは、蒸気軍艦メデューサ号で長崎から箱館を経由して下田に入港したのですが、長崎には長崎駐在目付・海軍伝習所頭取として永井尚志が赴任していました。また、箱館奉行は、従兄の堀利熙です。いずれも徳川近代を代表する幕臣官僚であり、外交について意見を異にするところもありましたが、共に「攘夷？　愚かなことを！」といった開明派、自由貿易派官僚です。

安政二（１８５５）年十月、堀田正睦《まさよし》が老中に再任され、同四（１８５７）年までは実権はまだ阿部正弘が握っていたともいえますが、この頃は阿部政権の近代化路線を踏襲する堀田政権の時代です。この政権で外交実務を担ったのが「海防掛」ですが、これには「目付系」と「勘定奉行系」の二つのグループが存在しました。前者が、岩瀬を始めとして筒井政憲、鵜殿民部小輔など九人、後者が川路聖謨、水野忠徳など六人とされます。

これは、決して〝派閥〟といったものではなく、国際協調路線＝自由貿易主義を採るに際しての手法、段取りについての考え方に違いがあっただけで、薩摩・長州過激派を中心とした頑迷な国粋主義・鎖国主義派と日和見《ひよりみ》が国中の大勢を占める中で、数少ない〝開明派〟であった点では、徳川近代を支えた同志であったといえます。

ファビウスは、こういう岩瀬の知人・友人たちと交流をもっていました。特に、長崎では水野忠徳と、箱館では堀利熙と通商問題について突っ込んだ意見交換を行っていたのです。

岩瀬は、下田に来航したファビウスから友人たちの近況を聞くという、彼としては奇異な体験をしたのです。確かに、水野や堀とはここ数年間会っていませんでした。しかし、オランダ人ファビウスは、最近彼らに会っているのです。この時岩瀬は、また長崎へ向かうというファビウスに水野への「託け《ことづ》」をしています。

下田において岩瀬も、ファビウスにさまざまな質問を投げかけ、貿易というものの国際的慣例などの知識を得たのです。

岩瀬が、自由貿易主義者へと急速に変貌していくのはこの頃からです。勿論、それ以前から彼は〝開明派〟といわれる先進的な官僚でしたが、この頃からそれが「急進開明派」といってもいいほど他を圧して先進的になっていったように観察できるのです。

勿論、それはファビウスの影響によるものだけではないことは確かです。水野や川路と激論を交わし、堀や井上と語らい、宇和島藩主伊達宗城《むねのり》、福井藩橋本左内、そして、木村喜毅、伊豆韮山代官江川英龍らと交わる過程で、彼は自分の思考を進化させ、固めていったものと思われます。

ここに挙げた人びとはごく一部ですが、何よりも阿部正弘、堀田正睦という二代続いた開明派政権の存在が決定的な要因であったことは確かです。この二人の老中首座は、岩瀬の明晰《めいせき》さ、決断の速さを見抜き、対外国交渉となると必ずといっていいほど彼を起用したのです。

阿部正弘の幕政改革によって生まれた「海防掛」の面々は、江戸の時代ドラマに慣れ親しんだ私たちの想像の域を超えているほど、自由闊達に己の見解を上役に具申しました。実にズケズケと上役にものをいうのです。彼らは、今日の官僚の常識となっている「忖度《そんたく》」ということを知らなかったといってもいいでしょう。

阿部と堀田は、そういう環境を創ったのです。この環境が、岩瀬たちをして自由貿易主義を堂々と主張させた大きな要因となったことは否定できないでしょう。

岩瀬という男は、徳川家康を心底から尊崇する根っからの直参です。この点は、徳川近代の柱とも位置づけられる小栗上野介と全く同じでした。特に岩瀬には、夷狄《いてき》何するものぞ、といった、守旧派顔負けの強烈なプライドがありました。

このナショナリストともいうべき心情は、知的な岩瀬の場合は、「攘夷」という方向には流れないのです。「城のような大きな軍艦を造り、(貿易を推進するため)世界各地に日章旗を翻す」というのが彼の夢であったのです。

強烈な武家のプライド、直参旗本の意地を肚《はら》に秘め、好奇心がやたら強く、外国人を全く恐れずに自らも海外渡航を熱望していた、「前例に全く従わず」、「狂」を自認した岩瀬忠震。

こういう男がそのまま生きられた徳川近代という時代がなければ、日本は列強の植民地になることなく近代化の道を歩むことはできなかったはずです。このことはもはや明白であると、私は考えています。

ただ、岩瀬は、平たくいえば「青かった」ともいえるでしょう。純粋ともいえるこの青さが、後に彼に災いをもたらすことになりますが、それについては今は措くことにします。

安政四（1857）年四月、岩瀬は、老中堀田正睦の諮問を受け、「開国、貿易、海外渡航」を柱とする上申書を提出し、翌五月、対蘭交渉のために水野忠徳と長崎に出発しました。江戸に戻ったのは九月の末です。

そして、十二月四日、井上清直と共にハリスの「応接掛」を命じられ、十二月十一日、ハリスと通商条約締結に向けての交渉を開始します。場所は、蕃書調所。この談判は、翌安政五（1858）年正月十二日まで、合計十三回に及んでいます。

岩瀬と井上がこの条約に調印したのは、安政五年六月十九日です。条文については既にハリスとの間で妥結している条約でしたが、朝廷の無知と混乱によってこれが五カ月も放置されたのです。

今日でも「不平等条約」と悪名高き、この「日米修好通商条約」の内容は、簡潔にまとめると次の通りです。

・日本政府はワシントンに外交官、各港に領事を置くことができる。外交官・領事のアメリカ国内の旅行は自由。
・合衆国大統領は、江戸に公使を派遣、各貿易港に領事を任命する。公使・総領事の日本国内の公務旅行には免許を与える。

・日本とヨーロッパ諸国との間に問題が生じた時は、合衆国大統領が仲裁する。
・日本船に対して航海中のアメリカ軍艦は便宜を図る。
・下田、箱館に加えて以下を開港、開市する。
神奈川（神奈川開港六カ月後に下田は閉鎖する）
長崎
新潟またはその近くの港
兵庫
江戸　開市
大坂　開市
・これら開港地にアメリカ人は居留を許され、借地、建物の購入、建築は可。但し、要害となり得る建築物は不可（日本側が検分）。
・江戸、大坂には商取引のための滞在（逗留）は可。居留は不可。
・両国商人は自由に取引できる。役人は介入せず。
・日本人は、アメリカ製品を自由に売買、所持できる。
・米、麦は、船舶乗組員用食糧としては販売可。積荷として輸出は不可。
・輸出入品はすべて日本の運上所（税関）を通す。

・アヘンの輸入は禁止。
・外国通貨と日本通貨は同種・同量で通用。即ち、金は金と、銀は銀と交換可。
・取引は日本通貨、外国通貨どちらでも可。
但し、開港後一年は原則として日本通貨で取引を行う。
・日本人に対して犯罪を犯したアメリカ人は、領事裁判所にてアメリカ国内法によって裁かれる。アメリカ人に対して犯罪を犯した日本人は、日本国内法によって裁かれる。
・アメリカ領事館は日本人の上告を、日本の役所はアメリカ人の上告を受け付ける。
・開港地におけるアメリカ人の外出許可範囲。
神奈川―東は六郷川（多摩川）まで。その他は十里
箱館―概ね十里四方
兵庫―京都から十里以内は禁止。他の方向へは十里
長崎―周辺の天領
新潟―後日決定
・アメリカ人は信教の自由を認められ、居留地内の教会設立は可。
・アメリカ人は日本の神社仏閣等を毀損《きそん》してはならない。
・宗教論争は禁止。

・長崎での踏み絵は廃止。
・アメリカ領事は、居留・来航アメリカ人に対し、日本の法律を遵守させることに努める。
・日本政府は、軍艦、蒸気船、商船、捕鯨船、漁船、大砲、兵器等を購入、または製造を依頼するため、アメリカ人を自由に雇用できる。学者、法律家、職人、船員の雇用も自由。
・本条約は安政六（1859）年七月四日より有効。
・条約批准のために日本使節団がワシントンを訪問する。何らかの理由で批准が遅れても、本条約は指定日から有効。
・条約文は、日本語、英語、オランダ語にて作成。オランダ語文を原文とみなす。

さて、どこがどれほど〝不平等〟なのでしょうか。この百五十年以上の間、ヒステリックに〝不平等〟と指摘され続けてきたそのポイントは、恐らく「関税自主権」と「領事裁判権」の問題でしょうが、大筋においてこれを「不平等条約」と断じてきた理由はどの点にあるのでしょうか。

確かにこの二つの問題を始めとして、この条約全般が全く平等なものであったとはいいません。しかし、ハリスの提示した原案はもっと過酷なもので、岩瀬、井上は論理を以て頑強に抵抗し、対案を提示してこれをまとめたのです。岩瀬は、ハリスの主張に対して、「私はそうは思わない」という言葉を何度も発しています。

実は、輸入関税の問題は、両者の間でさほど大きな論点とはなっていません。成立した関税率はハリスから日本側に提示し、日本側も同意したものですが、その関税率は以下の通りです。

・金銀貨幣、地金、日本に居留する者の衣類、書籍、諸道具	無税
・外国船舶の需要品＝各種動物、パン、塩漬けなど	1割
・酒類一切	3割5分
・その他の物品	2割

酒類などは嗜好品であるという理由で、何と35パーセントもの高率関税を課しているのです。これは、例えば現代の米中間の報復関税並みの高率関税です。殆どの物品は20パーセント……。この関税率を以て、これを「不平等条約」などとは断じていえないでしょう。

更に、岩瀬と井上は12・5パーセントの輸出税をとることを主張しましたが、ハリスは輸出税そのものに反対しました。確かに、日本にしか産しないものは輸出税を払ってでも輸出できるでしょうが、基本的に輸出税が高ければ輸出量は減少します。ハリスは、輸入関税の場合より煩雑な手続き、英米では二十年前に廃止していることも主張してこれに反対したのです。

この問題は、結局輸出税を設けているシャム（タイ）と支那（中国）に倣って5パーセントにすることで決着しました。

ハリスは、この関税率ならアメリカから年間五十万両の関税収入が入るだろうとの見込みを述べましたが、実際にこの三年後の文久元（1861）年の日本の貿易額は、輸出が五百万ドル、輸入は二百万ドルに達し、その後もこの規模は急速に膨れ上がっていったのです。つまり、ハリスの見通しは決して間違っておらず、日本は自由貿易開始早々から貿易黒字を計上したのです。

領事裁判権のことは、岩瀬も井上もさほど重要なこととは考えていなかったようです。むしろ、外国人を日本の白州に引っ張り出して裁くというイメージに違和感さえ抱いていたといってもいいでしょう。ハリスも「自分も岩瀬たちも初めからそうしようと思ったわけではない」という主旨の述懐をしています。

忘れてならないことは、開始早々から貿易黒字を計上するという国益をもたらした条約を、国内の尊皇攘夷原理主義者＝討幕派が破壊したことです。彼らは、結果的に日本の富を流出させたという点で、明らかに反日主義者であったと位置づけられるのです。

自由貿易ということについて何の見識ももたない薩摩・長州・土佐の過激派たちは、反幕府の残虐なテロ活動に血道《ちみち》を上げていましたが、自由貿易開始前後から彼らは外国人をもテロの標的にしたのです。

彼らに操られていた朝廷＝公家は、「外国人怖い」「だから貿易はイヤ」というだけのレベルで、これはもう救い難い存在でした。彼らに「国益」を考える政治的見識の素地は全くなく、視野に入っているのはせいぜい京都を中心とした畿内のみ。日本全域にすら政治的視野は及んでいなかったのです。

こういう人たちに健全な国家意識が芽生えるはずはありません。薩摩・長州に操られるのは、当然といえば当然でしょう。誰一人、「人物」が存在しなかった組織とは、非常に稀有《けう》なことではありますが、それがここに、古学が引っ張り出してきた天皇権威だけにすがって「朝廷」という名で存在していたのです。

尊攘過激派が外国人を殺害し、外国船を砲撃する度に幕府は損害賠償として貿易関税を下げざるを得なかったのです。無知による知らぬ間にテロの後ろ盾となっていた「朝廷」……。

そのテロの後始末は常に幕府が行わざるを得なかったのですが、真っ当な通商条約を最終的に「不平等」なものにしてしまったのは、実は討幕過激派とほかならぬ朝廷であったといえるのです。

討幕過激派のテロは、通商条約の価値を引き下げる方向に作用しただけでなく、対外協調路線に舵を切った幕府外交にも障害となって悪影響を及ぼしました。

例えば、文久元（１８６１）年十二月、老中安藤信正は、竹内使節団をヨーロッパに派遣しました。

これは、ロシア人水兵が殺害され、ハリスの通訳を務めたヒュースケンが薩摩藩士に殺害され、水戸藩の浪士が、イギリス仮公使館が置かれていた品川東禅寺を襲撃するなど、外国人を標的としたテロが頻発する中、条約に定めた江戸・大坂の開市、新潟・兵庫の開港を延期するしかないとの方策が出され、その交渉のためにフランス、イギリス、プロイセン、ロシア、オランダ、ポルトガルを歴訪する「難しい目的」をもった使節団であったのです。

正使は、勘定奉行竹内保徳、副使は松平康直。副使には当初、桑山元柔《もとやす》、水野忠徳が候補に挙がっていましたが、桑山は斜視であったことを理由に外され、水野は、イギリス通商代表オールコックの強い反対があってこれも外されたという経緯があります。

実は、オールコックは水野が苦手でした。

彼はハリスと組んで為替レートの交渉で水野と渡り合ったことがあるのですが、水野の鋭利な論理とその展開力に太刀打ちできなかったのです。オールコックには、水野に対するコンプレックスがあったとみられます。

但し、イギリスへ一時帰国したオールコックの助力もあって、竹内使節団とイギリスの交渉がもっとも具体的な進展をみせました。開港・開市の五年間延期を認めてもらう代わりに、水晶や酒類の関税率を大幅に引き下げることで合意したのです。ガラス類の関税に至っては、2割を5分まで引き下げざるを得なかったのです。

竹内使節団の対イギリス交渉は、一例に過ぎません。結局、薩摩・長州・土佐を中核とした尊攘過激派のテロは、自由貿易体制を構築して「富国」を図りつつあった徳川近代の足を引っ張り、結果として日本の富を流出させることに寄与しただけであったのです。

ハリスとの交渉中、岩瀬は次のような主旨の発言をしています。

・貴君はいつもイギリスなど外国の危険を説くが、私はそうは思わない。ヨーロッパ人も同じ天地間の人であり、誠実に対応すれば問題は起きないと思う。

・我が国は皆が栄えることを望み、幕府のみが強力になることを望まない。

これは、勿論外交交渉の中での発言であることを前提として理解しておく必要があり、甘いと批判されるかも知れません。しかし、自由貿易主義者・岩瀬忠震は、既に日本国を唯一の基盤と考え、幕府という枠を超えていたのです。

これは、薩摩・長州にはなかなか生まれなかった思考であり、それ故彼らは明治になってからも徳川近代を模倣するしかなく、また、模倣する要素が揃っていたという点で徳川近代の遺産を明治いっぱいかかって食い潰すことになった原因でもあるのです。

通商条約の交渉相手であったハリスという人間は、決して清廉潔白な人間ではありません。むしろ、通貨の交換比率の隙に乗じて私腹を肥やした我欲の強い人間です。

しかし、この交渉においては岩瀬・井上の真摯な姿勢、自由貿易に対する熱意に打たれ、結構良心的に対応しています。岩瀬・井上は、自分たちが未経験で分からないことは、正直に教えてくれ、という態度を示しました。それに対してハリスも、正直に諸外国の事例を教えるというところが一度ならずあったのです。

後にハリスは、次のような主旨の証言を残しています。

——彼らの議論のために自分の草案はしばしば真っ黒になるまで添削、改変せられ、その主意まで改正したこともある。このような全権委員をもったのは日本の幸福である。——

繰り返しますが、日米修好通商条約を「不平等」な方向へ改変していったのは、長州・薩摩のテロリズムなのです。自ら真っ当な条約を壊しておきながら、明治新政府が成立するや否や、これを「不平等」と決めつけ、その責をすべて幕府に被らせるとは実に悪辣な所業といわざるを得ません。

更に付言しておきましょう。

現在の安保条約第六条に基づく「日米地位協定」という条約の中味をご存知でしょうか。これは、本書で述べる直接の対象ではありませんが、この条約は「不平等」どころか、日本に「隷属」を強いるもので、凡そ普通の独立国家なら受け入れるはずもない代物です。これを令和の今も後生大事に守ろうとしている者に、安政の日米条約を「不平等」などといえる資格は全くありません。

黒船来航以前から国際協調路線に転換していた徳川幕府は、優秀な直参官僚を育成、抜擢し、現在のアメリカ隷属的な政権ではとても不可能な、堂々とした対等な日米交渉を展開したという史実だけは、しっかりと記憶しておきたいものです。

第二章　「ホラ吹き勝」の正体

1　江戸城無血開城は美談か？

前章で述べたように、徳川幕府が「鎖国」を行って国を固く閉ざしていたという事実はありません。歴史書や学校の歴史教科書などには、「第一次鎖国令」「第二次鎖国令」などという言葉が見られますが、そのような法令が存在したという事実もありません。そもそも「鎖国」という言葉が、江戸社会に存在していなかったことからして、そのような法令が存在するわけはないのです。

詳述した通り、アメリカ・ペリー艦隊が鎖国日本に突如現れ、国を閉じていた未開国江戸日本は蒸気船という近代文明の一端に驚愕して、ペリー艦隊の武力威圧に屈して開国、不平等な条約を押しつけられたなどという事実も存在しないのです。

しかし、私自身は学校時代にそのような教育を受け、それから六十年以上も下った令和の学校教育でも大筋において殆ど同じ内容の教えが子供たちに植え付けられているのです。

黒船来航のようなあまりにも初歩的な幕末史において、何故《なぜ》虚偽の歴史がまかり通っているのでしょうか。

それは、政争の勝者となった当事者やその後継者の〝都合の良し悪し〟によるものであるとしかいえないのです。どの民族の歴史も、〝程度の差〟はあっても大体勝者の都合で「史実」

が決まるものであって、そのこと自体は驚くほどのことでもありません。

ただ、我が国の幕末動乱史については、ここでいう「程度の差」に大きな問題があるのです。薩摩・長州という政争の勝者が行った歴史の虚偽叙述、事実の隠蔽、事実の捏造《ねつぞう》などがあまりにも多く、かつ深く、今や常識化している幕末史は殆ど書き替える必要があるのです。

そして、その偽りの歴史を、驚くべきことに百五十年以上もの間「検証」してこなかったのです。百五十年以上もの長期に亘《わた》って歴史を検証していないということは、司馬遼太郎氏流の表現をすれば、「世界史的にみても珍しい」といわねばなりません。

この二点、つまり、程度の問題と未検証——これが、虚偽の歴史がまかり通ってきた理由であると考えられます。

幅広く信じられてきた虚偽の歴史の代表的なお話の一つに、江戸城無血開城を実現させた勝海舟と西郷隆盛の会談、そして、咸臨丸《かんりんまる》と勝海舟のことがあります。この勝海舟の活躍という一事にも、維新動乱史を決定づける悪質な虚偽がふんだんに盛り込まれていますので、本章では江戸城無血開城と咸臨丸の太平洋横断を通して、勝海舟という人物について触れておきましょう。

薩摩・長州が徳川幕府を転覆させることによって成立した「明治近代」という時代と、それを支配した政権の誕生を麗しく叙述してきた官軍正史ともいうべきこれまでの歴史物語では、例えば日米修好通商条約の批准書交換のために派遣された「万延《まんえん》遣米使節団」を語るに際しても、お供の咸臨丸を述べても使節の乗った肝心のポーハタン号には一切触れず、勝麟太郎を英雄視しても使節団の目付で相手国アメリカがもっとも重視した小栗忠順《ただまさ》のことは名前すら教えませんでした。私どもは、義務教育の歴史教育で小栗のことも、正使新見正興《しんみまさおき》のことも、教わったことは全くありません。

「明治近代」百五十余年の歴史物語とは、それほど虚飾に満ち満ちているのですが、江戸開城のことや咸臨丸のことはその小さな一例に過ぎないように映ります。

ところが、勝と西郷の会談内容、咸臨丸が派遣された経緯、勝という人物の実像、そもそも日米修好通商条約締結という事実とその背景を追い詰めていくと、この壮大な虚飾の歴史そのものが根底から音を立てて崩壊するのです。

例えば、坂本龍馬のことはフィクションと史実の違いを明確に意識すれば、比較的容易に解決します。この人物が日本の近代の魁《さきがけ》であったなどというお話は、今ではあまり質がいいともいえない〝お話〟の域を出ないものとしてかなり広く理解されるようになりました。お話は〝お話〟の域に留めておけば罪はないともいえるのです。

ところが、江戸城無血開城における勝と西郷、勝と咸臨丸にまつわる官軍正史というお話は、「明治近代」の「官」の中枢に直結するのです。具体的には、「官」のイメージ形成を決定づけた代表的な虚偽なのです。

「明治近代」のスタートとなった明治新政府成立の歴史物語には、新政府のイメージ形成のための三つの大きな虚偽が含まれています。

- 京における桂小五郎と「勤皇志士」たちの活躍
- 江戸を火の海から救った勝海舟と西郷隆盛の会談
- 勝海舟率いる咸臨丸の、日本人による初めての太平洋横断

この三つです。勿論、「明治百五十年」という歴史叙述そのものが大きな虚構ですから、三つのイメージ戦略を挙げるについても異論はあるでしょう。他の事柄についても、ディテールの虚偽に至っては、うんざりするほど枚挙にいとまがないのです。しかし、私は、右の三つのお話こそが、心理的にも「明治近代」の歴史の検証を拒んできた代表的な「虚飾に満ちたお話」であると確信しています。

このように考えますと、俗にいう「維新」の主役の一人である西郷隆盛の実像が歪めて語られてきたことも、当然といえば当然でしょう。つまり、私たちが聞かされてきた西郷隆盛もまた、「西郷伝説」の産物としての虚像に過ぎないのですが、これについては後章で詳しく述べ

ることができるでしょう。

「西郷伝説」のもっともシンボリックなお話の一つが、江戸城無血開城という幕府崩壊のクライマックスシーンとなる美談なのです。

改めて述べるまでもなく、東上してきた薩摩・長州軍の江戸総攻撃は、西郷と勝の会談において西郷が大きな度量を発揮することによって回避され、江戸は火の海になることなく江戸城の無血開城が実現し、ここに平和裡に徳川幕府から明治新政府への政権委譲が実質的に成立したとするのが、これまで私たちが教えられてきた〝歴史事実〟です。

幕府の代表とされている勝と薩長軍を代表する西郷が、互いにその〝人物〟たるをリスペクトし、二人の英断によって江戸城は一滴の血を流すこともなく開城されたとするこの物語は、西郷だけでなく勝をも維新の英雄に押し上げることになりました。

せっかくの美談を壊すことにさほどの益はなく、その点については実《まこと》に心苦しいことですが、ここは例外を設けず史実を求めていきましょう。

東上してきた薩長軍の目的は、徳川幕府を完全な形で崩壊させることでしたが、江戸城を落とすことも江戸総攻撃もその目的を天下に分かり易く示す上で、付随して必要であったに過ぎません。江戸総攻撃があり得るかも知れない情勢下で、その攻撃軍を指揮する立場の西郷の前に立ちはだかったのは誰だったでしょうか。

それは、静寛院宮《せいかんいんのみや》（和宮）と天璋院《てんしょういん》篤姫です。改めて述べるまでもなく、十四代将軍家茂《いえもち》の正室であった和宮は腹違いとはいえ孝明天皇の妹であり、明治天皇の叔母に当たります。更に、実に悲劇的なことですが、和宮は東征軍（薩長軍）大総督有栖川宮熾仁《ありすがわのみやたるひと》親王のかつての許婚《いいなずけ》でした。

また、十三代将軍家定の御台所《みだいどころ》であった天璋院篤姫は、西郷が終生唯一の主君と仰いだ島津斉彬《なりあきら》の養女です。つまり、この時点で西郷が代表している薩摩藩は、篤姫の実家なのです。篤姫の将軍家への輿入れに際しては西郷自身も働いたわけであり、西郷にとって篤姫は、色濃く主筋の人であったのです。

なお、和宮が孝明天皇の妹で明治天皇の叔母に当たるといっても、また、篤姫が薩摩鹿児島藩・島津斉彬の養女だといっても、妹や養女という関係を現代と同じ感覚で捉えることは少し危険です。宮中や将軍家の家族関係や朝廷と大名の姻戚関係は非常に複雑なのです。それについては、追々補足していきますが、ここでいう妹、養女、叔母などの表現は、その言葉通り事実です。

この、徳川政権を倒すべく東上してくる勢力から徳川家へ嫁いだ二人の女性が東征軍に対する抵抗のシンボルとなったことは、文字通りドラマティックに運命の皮肉としか言い様《よう》がありません。

しかし、西郷にとってはこの二人の女性のウエイト、この場合は攻撃するに際しての圧力となる重みに明白な差があったようです。

この時期の西郷の第十五代将軍徳川慶喜《よしのぶ》に対する姿勢は、強硬の一語に尽きます。盟友大久保一蔵に対しても、慶喜の切腹処分を強く主張しています。

既に、ひたすら恭順の姿勢を示す慶喜について寛大な処置を求める嘆願書が、新政府でも議定《ぎじょう》を務めることになった世渡り上手な福井藩松平春嶽《しゅんがく》や、一貫して討幕に反対してきた土佐藩山内容堂、そして静寛院宮その人からも、天璋院篤姫からも提出されていました。

これに対する西郷の大久保宛ての主張は、如何にも「薩摩の武闘派」西郷らしいものでした。

――慶喜退隠の嘆願、甚だ以て不届千萬、是非切腹までには参申さず候ては相済まず、(中略)然れば静寛院と申しても、矢張賊の一味と成りて~(『大西郷全集』)――

一般的な明治維新理解の立場からすれば驚くべきことかも知れませんが、西郷は先帝孝明天皇の妹和宮を指して、静寛院といっても所詮賊の一味に過ぎないという言い方をしているのです。これが「尊皇」を喚く薩長勢力の実の姿であって本来驚くに当たらないのですが、真逆の薩長史観で育てられたその後の日本人には驚愕する人もまだ多いことでしょう。

尊皇を喚く討幕勢力の朝廷利用の実態については、この先も触れざるを得ない場面が出てくるでしょうが、いざ江戸城を攻撃するとなれば、静寛院宮がそこにいようといまいとお構いなしに、西郷なら躊躇《ちゅうちょ》なく砲撃したことでしょう。

ところが、東征大総督府と称していた東征軍の中枢はそうではありません。やはり、静寛院宮には尋常ではない重みがありました。

元の内親王ともなれば、それは元から尋常な人とは異質な存在なのです。まして、先にも述べた通り、大総督有栖川宮熾仁親王にとって静寛院宮はかつての婚約者です。熾仁親王がどう考えようが、周囲がこのことに無頓着ではいられないのは当然でしょう。このことは、近年の政界や官界で〝流行っている〟卑しいとしか言い様のない「忖度《そんたく》」という姿勢とは、全く次元の異なる話なのです。

この時期、殆どが無能そのものであった公家は、幕府に対する反乱でもある討幕という軍事クーデターに、勤皇思想からくる正当性を与える体裁上の頭として利用されるだけの、形式としての存在に過ぎませんでした。

東征大総督が有栖川宮熾仁親王であると共に、大総督参謀には正親町公董《おおぎまちきんただ》と西四辻公業《にしよつつじきみなり》が任命されていました。公家に純軍事的な参謀が務まるでしょうか。務まるわけがありません。これもまたお飾りに過ぎないのです。

では、お飾りだけの総督や参謀が率いる軍で江戸総攻撃ができるのでしょうか。できるわけがありません。

そこで「下参謀」という、わざわざ「下」を付けた参謀が必要となるのです。西郷は、林通顕《みちあき》と共にこの「下参謀」に任命されていたのです。そして、軍監を佐賀藩鍋島家の江藤新平が務めていました。

大総督も参謀もお飾りに過ぎないとすれば、実権は当然「下参謀」が握ることになります。握らざるを得ないのです。一般にはよく誤解されていますが、西郷が東征軍を率いてきたわけではないのです。西郷が総督府を代表していたわけでもないのですが、実質的には西郷が実権をもっていたといっても間違いではありません。かといって、事の実相をあきらかにしようとする時には、形式を無視することもできないのです。

大総督府が、江戸での部分的な戦闘行為を覚悟していたとしても、江戸城総攻撃や徳川慶喜の処分について、西郷のように静寛院宮の存在や意向を全く無視することはできなかったと考えられます。

西郷には、別の感情があったはずです。静寛院宮ではなく、もう一人の女性、天璋院篤姫の存在です。

繰り返しになりますが、天璋院篤姫は養女とはいえ西郷生涯の主《あるじ》といってもいい島津斉彬の娘です。この主筋そのものの天璋院が城に留まった場合、西郷はこれを砲撃できたでしょうか。

薩摩の士風を殊更愛した西郷という男は、郷中《ごじゅう》で育まれた上下の秩序を重んじ、今日《こんにち》自分があるのは斉彬公の御恩という意識を強くもち続けていました。事実、島津斉彬の引き立てがなければ、西郷という名前が幕末史に登場することはなかったでしょう。大恩ある方の娘に向かって、西郷は砲撃を命じることができたでしょうか。

生身の人間の感情や気持ちに触れていると、それを裏付ける一次史料はあるかなどとまた非難されそうですが、そんなものはありません。

はっきりいえることは、この例は別にしても歴史の実相を考える時に、往時の生身の人間の想いを推し量ろうとする姿勢は極めて重要であるということです。但し、予《あらかじ》め特定の立場に立つ教条主義の目でみてしまうと、歪曲が起こりかねません。難しいところですが、私は、傍証の積み重ねは歴史を考える上では非常に重要で、有益であると考えています。

天璋院の方では、どう考えていたのでしょうか。

実家である薩摩藩の、見知った西郷が、大将よろしく東征軍を率いる格好で徳川慶喜討伐、即ち、徳川家討伐を目指して東上してくるのです。天璋院は、徳川家滅亡を防ぐべく、嘆願書を提出しました。

実は、天璋院が徳川慶喜のことを嫌っていたことは、よく知られています。この時点でも、それは変わっていなかったようですが、事態は慶喜の好き嫌いをいっている場合ではありません。徳川家の存続に関わることなのです。

慶喜に対する寛大な処分を求める天璋院の嘆願書とは、その心は徳川という二百五十年以上の永きに亘って政権を担ってきた誇るべき家の存続を願っての嘆願であったのです。

少し後、江戸城の明け渡しと上野戦争が終結した後ですが、徳川家の駿河七十万石への移封《いほう》が決まりました。この時、天璋院は奥羽越《おううえつ》列藩同盟の中核を成す仙台藩伊達慶邦《よしくに》へ宛てて書状を送っています。その書状に曰く、

――当五月十五日、薩長其外諸家之人数、上野東叡山へ理不尽に大小砲打かけ、勅額もこれ有り候中堂山門を初め、其外諸堂社本坊に至る迄焼払い～（中略）御宝物其外重き御品々を掠《かす》め取り候次第、実々以て恐れ入り候次第、朝敵は申す迄にこれなく、神敵、仏敵、盗賊共の振舞と申すべし～（中略）就中《なかんずく》、嶋津家は以之外なる風聞もこれ有り――

天璋院は、薩長藩兵が寛永寺を砲撃し、勅額が掲げられた中堂を焼き払い、更には寺の宝物を掠奪した行為は、朝敵であることはいうまでもなく、神敵、仏敵、盗賊の振る舞いであると

激しく糾弾しているのです。
更に天璋院はいいます。

――当節承り候えば、奥羽方は申し合わせ御尽力のよし、誠に誠に御頼母しき御事にて深く感じ入り候～（中略）勿論、会津家へも其御方と力を合せ候よう頼み遣《つかわ》し候間、宜しく御相談之上、外忠義之諸侯を相催し、悪逆之者とも御退治下され、是非共是非共、当家再興相成り候よう、くれぐれ御頼み御嘆き申し候――

天璋院は、奥羽越列藩同盟が官軍を名乗る薩長軍を相手に抗戦していることを心強く思い、薩長軍を「悪逆之者」と断じて、その征伐を懇請しているのです。そして、この書状から、会津藩松平容保へも同様の書状を送ったことが窺われます。また、列藩同盟の盟主輪王寺宮にも送られています。徳川家存続を願ってきた天璋院の薩長軍への抵抗の気持ちは、必死なものであったのです。

また、天璋院は、西郷へも尽力を依頼していたようですが、西郷は「如何様にも御骨折り致します」といっておきながら、

「其侭召に応ぜず逃げ去り候御次第、言語断長〜」

という次第で、天璋院は、大きな失望と怒りを露わにしています。

御一新後、天璋院が実家薩摩藩からの支援申し入れを頑なに拒否したことは、よく知られているエピソードですが、それはこの書状にみられる天璋院の心情と整合性がとれており、単なるエピソードではなかったと推断できるのです。

慶喜に対する寛典処分の嘆願と伊達藩、会津藩などへの書状とは、江戸城明け渡しを挟んで時間的に前後するものですが、薩摩藩から嫁いだ天璋院の薩摩藩への怒り、薩長軍への抵抗の心情は、斯様《かよう》にも激しいものでした。こういう天璋院の存在が、東征軍下参謀である西郷に江戸総攻撃の大きな阻害要因として心理的圧迫を加えたことは想像に難くありません。

さて、江戸城の無血開城ですが、世に伝わるような、江戸へ侵攻してきた西郷が勝海舟と会談して、両者互いにその人物たるを感じ、西郷と勝の度量によって実現したなどというものではありません。結論だけをいえば、素っ気ない言い方になりますが、端《はな》から血が流れる可能性は少なかったのです。とはいえ、何が起こるか分からないという可能性の問題でいえば、無事に想定通りの無血開城ということになったに過ぎないのです。

恭順することを決めた慶喜は、あくまで迎撃を主張する主戦派のシンボルともいうべき小栗忠順を退け、会計総裁大久保忠寛《ただひろ》（一翁《いちおう》）と陸軍総裁勝海舟に東征軍との交渉全権を委任します。同時に、山岡鉄舟も用いており、この時期、慶喜自身が〝整然とした交渉団〟を構成したという形跡はありません。

後世からみれば、慶喜が大久保、勝、山岡を「並列的」に用いたことは不自然なことのように映りますが、「鳥羽伏見」以降の慶喜の言動や打ち手には全く一貫性や整合性がなく、このことは前提として十分認識しておく必要があります。

それ以上に意識されなければならないことは、大久保や勝が幕府権威＝公儀を代表していたかどうかという問題です。このことは、幕府なり「公儀」という政治的存在と徳川家という家の存在は別であるという根源的な問題ですが、ここでは敢えて深入りすることを避けます。

そもそも慶喜は、真に勝海舟を信頼していたとは考えられません。元治元（１８６４）年十一月、軍艦奉行を罷免されて以降、一時的に復帰したことはありましたが、勝は幕政の中核からは一貫して外されていたのです。「公儀」という権威が事実上消滅していた最終末段階に至って慶喜が勝を用いたのは、勝を薩長とパイプをもつ人物と認識していたからに過ぎないと考えられるのです。

このことは、山岡鉄舟についても同様ではないでしょうか。山岡といえば、清河八郎直系の、骨の髄からの尊皇攘夷派です。慶喜にしてみれば、「薩長と話ができる人物」と映ったことでしょうし、あの局面では慶喜にとってはそれのみが大事であったのです。

かくして、慶喜は大久保にも勝にも山岡にも、直接「終戦交渉」を命じたと考えられます。

慶応四（１９６８）年三月五日、東征軍大総督府が駿府に到着し、翌日、江戸総攻撃の予定日を三月十五日と決定します。

三月九日、山岡鉄太郎（鉄舟）が駿府に到着、直ぐ、西郷との会談をもちました。

このことについて、私は『大西郷という虚像』（悟空出版）において、

「勝と大久保が派遣した山岡鉄太郎が（後略）」


と述べましたが、これをお詫びして修正させていただきます。

改めて、『海舟日記』『氷川清話』（以上勝海舟）、『鉄舟随感録』（山岡鉄舟）、そして、山岡鉄舟研究会が提供してくださった例会報告『英国公文書などで読み解く江戸無血開城の新事実』（同会２０１６年二月例会報告）等々を検証すると、勝が山岡を派遣したとは考えられないという結論に至りました。これ以前に勝と山岡は全く面識がなく、勝は大久保から、山岡が殺しに行くかも知れないという注意を受けていたほどです。これらの史実に更に山岡の義兄高橋泥舟《でいしゅう》の証言などを加味して考えると、山岡鉄舟研究会の指摘の通り、山岡は慶喜から直々の命

を受けて駿府へ赴いたと考えるのが妥当です。

慶応四（1868）年三月九日、駿府に着いた山岡は、直ぐ西郷と面談しました。江戸総攻撃を前にした東征軍と幕府サイドの、これが最初の会談です。

西郷・山岡の一部激しい談判を経て、大総督府側の、慶喜救済（死罪を免じる）のための条件七カ条（五カ条ともされる）が提示され、山岡がこれを江戸にもち帰ることになったのです。

つまり、東征軍サイドでは慶喜の死一等だけは免じることが、既に決定していたのです。

西郷たち武力討幕派は、薩摩藩においても、その他諸藩においても元々少数派であって、「鳥羽伏見の戦い」では運良く勝利を収めた薩摩・長州ではありましたが、一気に慶喜死罪まては踏み切れなかったのです。前述した静寛院宮や天璋院からの嘆願だけでなく、朝廷所縁《ゆかり》の人たちからの嘆願などもあり、大総督府としても慶喜を死罪とした場合、諸勢力がどう転ぶか、全く確信をもっていなかったのです。

では、山岡が江戸へもち帰った七カ条とはどういうものであったのでしょうか。以下が、その条項です。

一　慶喜は備前藩へ御預け、恭順謹慎致すべき事

一　諸侯、慶喜の暴動を助け候者、夫々謝罪の実行相立てるべき事
一　軍艦は残らず官軍へ相渡すべき事
一　兵器は一宇に差し出すべき事
一　城内へ住居候向は、向島へ引移り申すべき事
一　居城明け渡しの事
一　玉石共焼き候御趣意にはこれなく候間、一同暴動致すべからず、暴動致し候者は官軍にて取り鎮め候事
　右謝罪実行相立ち候わば、徳川家名の儀は寛大を以て御沙汰之事

　さて、どうでしょうか。これが、大総督府から出てきた最初の条件です。

　いよいよ幕府と官軍の決戦、果たして戦端が開かれ江戸は戦火に包まれるのか、といった、私たちが教えられてきた江戸開城間際の雰囲気がどこかに感じられるでしょうか。

「備前藩へ御預け」という第一の条件ですが、これは、備前岡山藩主池田茂政《もちまさ》が慶喜の弟であることから出てきたものでしょう。

　しかし、岡山藩そのものは完全に長州派でした。駿府の会談において、山岡はこの条項には強硬に抵抗したようです。山岡の主張は、主人である慶喜を差し出すこと自体を臣下として承

服することはできないというものであったとされています。

これについて西郷は、「朝命である」として突っぱねましたが、山岡は朝命であっても承服しかねると譲らなかったといいます。そして、もし島津公が今の慶喜の立場に置かれていたとしたら、あなたは君臣の情を無視して主人を差し出すことに同意するかと、論理ではなく情義の問題をもち出して訴えたようです。

薩摩郷中の「二才頭《にせがしら》」体質の染みついた西郷という人物は、情義には脆《もろ》いところがあります。西郷は、この問題は自分が引き受けて取り計らうことを山岡に約してしまいました。ここにも、西郷の「二才頭」体質がよく顕《あらわ》れています。その権限もないのに、自分が取り計らうという、大将的態度、親分的言動を採ってしまうのです。このような大事な条件について、西郷には決定権などなかったのです。

ところが、先の六日の東征軍首脳会議で、慶喜には直接軍門に下って謝罪させるとの決議が為されていたようなのです。とすれば、「備前藩へ御預け」という条項そのものが、山岡の態度に心を動かされた西郷の独断である可能性すらあるのです。

第二の「慶喜の暴動を助け候者～」は、眼目として会津藩を指していることはいうまでもありません。

それにしても、京で散々殺戮《さつりく》を繰り返すことによって公家を操り人形よろしく政争の道具とすることに成功し、江戸市中でも攪乱のテロを繰り返した単なる反乱軍が、「慶喜の暴動」云々とはよくいったものです。この時点で「勤皇思想」はここまで熟しており、単なる反乱勢力が政権に対して「謝罪」を「命じる」など、一瞬にして「正義の基準」が入れ替わっていたのです。

第三条から第六条までは、当然といえば当然の条項でしょう。

実態はどうあれ、西郷と山岡の会談、その後の大久保・勝との会談とは、幼いながらも明治天皇を手中に収めて勝者となった者と、天皇をその手に収めなかっただけで敗者の烙印を押された者の、いってみれば、妥結内容次第で終戦交渉となり得る交渉なのです。とすれば、武装解除も城の明け渡しも、当然といえば当然の内容で、附則的な第七条を除けば、江戸城の明け渡しは最後の条項に形式的な確認のように付けられているだけでした。山岡は勿論、勝と大久保も、江戸城明け渡し条項についてだけは、ひと言も異論を述べてはいません。

附則的な第七条では、平たく表現すれば「何でもかでも焼き払おうというのではないが、抵抗する場合は武力鎮圧する」とわざわざ付け足しています。但し、ここに幕府サイドにとっては交渉の最大眼目であった徳川家処分のことが述べられていました。

このようにみてくると、終戦条件交渉、慶喜助命の条件交渉は、西郷と山岡の会談で殆ど煮詰まっていたのです。

では、山岡がこれをもち帰った後の、世にも有名な西郷と大久保・勝の会談とは何であったのでしょうか。ひと言でいえば、それは「確認会談」でしょう。

列強との条約交渉の際に幕府も直面した問題ですが、外交交渉とは同格の者が全権を委任されて行うものです。東征軍と幕府のこの交渉も同じことであって、双方の代表者の格（組織内の立場）が釣り合わなければならないのです。

しかし、この時点の山岡には、いわゆる肩書きというものがなかったのです。せいぜい慶喜の親衛隊ともいうべき「精鋭隊」の頭《かしら》に過ぎません。「精鋭隊」は、幕臣の剣豪で構成された組織でしたが、そのリーダーであるというだけでは公式には通用しないのです。

東征軍の「下参謀」という格と権限をもつ西郷としても、幕府精鋭隊の頭である山岡鉄舟なる者と斯く斯く云々合意したと東征軍総督府に報告するわけにはいかないのです。起きていることが軍事クーデターであったとしても、クーデター軍が偽勅《ぎちょく》によってオーソライズされていたに過ぎないとしても、政争とその終結とはそれほど幼稚なことではないのです。

即ち、江戸における西郷と大久保・勝との会談は、山岡との会談で合意した内容を確認するものであったと理解すべきでしょう。実質的には山岡との間で合意に達していたとしても、西郷にとっても形式を採る必要があったのです。その点でいえば、幕府会計総裁と幕府陸軍総裁を名乗る者が相手だとする形が成立すれば、西郷としても受け容れられる形式でしょう。

東征軍と幕府サイドの会談という点では第二回となるわけですが、第一回の西郷と大久保・勝の会談は、慶応四（１８６８）年三月十三日に行われました。山岡との会談の四日後、江戸総攻撃予定日の二日前です。この会談には、山岡も同席しています。

ところが、この会談場所が特定できないのです。例によって、勝自身の日記と『氷川清話』に食い違いがあるのです。ただ、田町の薩摩藩蔵屋敷か高輪の同藩下屋敷のいずれかであることは間違いなさそうです。

山岡に提示された条項に対して、大久保・勝は、「お伺い」という形で反論、質問を西郷に投げています。大久保・勝にとっては、徳川家処分が中心となる最初の交渉ですから、大総督府の真意を確かめたかったのでしょう。尤《もっと》も、中には皮肉のような「お伺い」も含まれていますが、その部分は恐らく大久保ではなく勝によるものでしょう。

第一条、備前岡山藩への御預けについては、備前藩とは岡山のことか、それとも岡山藩江戸屋敷のことか、と確認しています。確かに、大名家の江戸屋敷とは〝治外法権〟の認められたような場所ですから、慶喜が岡山藩江戸屋敷で謹慎したとしても「岡山藩へ御預け」ということになるのです。つまり、大総督府側＝西郷側の表現に不備があるのです。

第二条、敵対した者への処分については、大久保・勝は、幕臣は徳川家の家臣であるから可能であるが、諸大名は家臣ではないから不可能、まして慶喜が将軍職を辞している今、「関係することはできない」と突っぱねています。これには、西郷も「問合の通り致すべく候」としか答えようがありませんでした。

第三条、第四条は、軍艦、兵器の差し出し、即ち、武装解除条項ですが、大久保・勝サイドは、軍艦とはどういう船舶のことをいっているのか、兵器とはどこまでの範囲のものを指しているのかと、これまた外交交渉なら当たり前のシビアな「お伺い」を立てています。

第五条は、城内からの引移り条項ですが、ここまでくると可笑《おか》しささえ込み上げそうな「お伺い」となっています。

曰く、「城内」とは「郭内一円」のことか、それとも「和田倉・馬場先・内桜田、更に竹橋・半蔵門の内側」のことか、或いは、「本城西丸だけ」のことかと、まるで茶化すような「お伺い」となっているのです。

そして、第六条が「居城明け渡し」条項、即ち、江戸城の明け渡しですが、ここだけ大久保・勝は、前述の通り何の「お伺い」も立てず、「畏《かしこ》み奉り候」のひと言で済ませています。敗者が城を明け渡すのは当然ですから、大久保・勝にしても何も問題にすることはなかったのです。

第七条で触れられている徳川家名のことについては、大久保・勝は一転、厳しい「お伺い」を西郷にぶつけています。

曰く、「寛大」というが、それは具体的にどれほどの「見込」なのか、徳川麾下《きか》の者たちを説得しなければならないから予《あらかじ》め聞いておきたい、内容次第では抑え切れないだろうとしています。幕臣たちが暴発寸前にあったことだけは、決して勝のハッタリでも何でもなく、この時期の実情であったからです。

第二回会談は翌十四日に行われ、大久保・勝は、前日の七カ条を受けた嘆願書を西郷に提出しました。

その嘆願内容の主要なポイントは、

・慶喜は岡山藩ではなく水戸藩預かりにして欲しい
・軍艦兵器は徳川家でまとめておき、徳川家で必要な分を除いて引き渡す
・江戸城は明け渡すが、明け渡したら即、一門の田安慶頼《たやすよしより》に預けて欲しい
・敵対した幕臣への処分は寛大にして欲しい

というものでした。これを嘆願というべきかどうか、実に不思議な「敗軍の嘆願」というべきであり、岡山藩か水戸藩かという点以外には、さほどの真剣みは感じられません。

しかし、西郷はこれを受け取ると、翌日の総攻撃を延期する旨を通告し、大総督府が駐屯し

ている駿府へ引き返していったのです。更に西郷は京都へ裁可を仰ぐために、急ぎ戻りました。京都着は三月二十日。

いつもながら驚くのですが、西郷という男は非常にフットワークが軽いのです。江戸へ入ったのが三月十三日で、即日、大久保・勝と第一回の会談をもち、翌十四日第二回会談、即日江戸を発ち、駿府大総督府へ立ち寄った後、二十日にはもう京都へ帰着しています。西郷のスピードに引っ張られたように朝廷では同日総裁・議定・参与による三職会議が開かれ、大久保・勝の提出した嘆願書の内容について検討に入っています。中心課題は、やはり徳川家の処分問題でした。

三職会議では、例によって岩倉具視《ともみ》が六カ条の対案を出すなど、それなりの議論があったようですが、三職会議の結論、即ち、朝廷サイドの結論の主要点については以下の通りとなりました。

・徳川慶喜は水戸藩お預けとする
・明け渡し後の江戸城の管理については東征軍大総督府にて決定する
・軍艦武器はすべて没収し、必要分は後日大総督府より下げ渡すつまり、大久保・勝の嘆願は、慶喜の水戸藩へのお預け以外はすべて却下されたことになります。このことを以て、朝廷サイドの結論は幕府にとって厳しいものであったとする見方が大勢ですが、私はそうは思いません。

この交渉は、三月に行われていますが、この一月に幕府は「鳥羽伏見の戦い」で薩長軍に敗北しています。つまり、形は勝者が薩長軍、即ち、東征軍であり、幕府は敗者なのです。勅書を偽造しようが、偽の錦旗《きんき》を創ろうが、勝ちは勝ちであり、薩摩と朝敵であった長州は、逆に慶喜に朝敵というレッテルを貼ることに成功したのです。

つまり、政治的にも押しに押されていた薩摩・長州の大逆転勝ちとなったのです。その僅か二ヶ月後に行われたこの交渉は、いってみれば降伏文書の文言をめぐる交渉であったともいえるのです。

だとすれば、慶喜を実家である水戸藩へ預けることに同意するとは、実に寛大な降伏条件ではないでしょうか。

明け渡し後の江戸城管理を大総督府が行うのは当然ですし、誰かに委託するにしても勝者である大総督府が決めて当然です。武装解除後の武器の「必要分」の下げ渡しについても、大久保・勝の嘆願書の逆の流れで下げ渡すという形式論に過ぎず、そもそも敗者が「必要とする」武器とはどういうことなのでしょうか。

つまり、勝者サイドの頭も、まだ徳川幕藩体制から完璧には切り替わっていないのです。徳川家を将軍職から引きずり下ろしたとはいうものの、各藩には当然武器は必要というような感覚がまだ残っていたのです。

更に、決定的な背景要因を理解しておく必要があります。

ひと言でいえば、ここでも東征軍の弱腰が目立つということです。「後ろめたさ」ともいうべき感情が残っていたのかも知れません。

京都を出た頃の東征軍は、軍としての体裁を成していないような弱体の目立つ軍でした。それが東征していくに従って、次第に体裁だけでなく軍としての質も強化されていったのです。

しかし、それでもなお、江戸侵攻のこの時点では、幕府軍は艦隊を核として強力であり、東征軍は勝者としての自信をもっていなかったのです。東征軍が勝者として振る舞うようになるのは、上野戦争終結後のことになります。

西郷が、回答書をもって再び江戸に入ったのは四月二日。江戸城管理は、尾張藩に委託されることとなりました。

いうまでもなく、尾張藩は御三家の一つです。しかし、長州征伐の際にも全く徳川の役に立とうとしなかった前々藩主徳川慶勝《よしかつ》は、議定を務めるほどの実質的には〝討幕派〟といってもいいような存在でした。とはいえ曲がりなりにも元御三家、その点では尾張藩が江戸城管理に当たるという措置は、大久保・勝たちの顔を立てることになるだろうという、総督府サイドの配慮があったかも知れません。

四月四日、東海道先鋒総督橋本実梁《さねやな》が勅使として江戸城へ入城しました。

西郷が京都から持ち帰った総督府＝朝廷サイドの決定を受諾するか拒否するか、その回答期限は自ずと江戸城が引き渡される四月十一日となっていました。もし、大久保・勝が拒否すれば、最後の武力行使となる可能性は皆無ではなかったのです。実は、この時が東征軍と幕府双方にもっとも緊張が高まったタイミングであったのです。

軍艦・兵器の引き渡しに応じたものの、武装した陸軍兵が続々と脱走していました。ある隊に至っては隊ごと武器をもって脱走しています。フランス軍士官によって育成された精鋭部隊である伝習大隊もその一つです。軍艦も既に2艘が脱走。協定は、実質的に骨抜きにされていました。

大久保・勝は、江戸城明け渡しの前日、即ち、四月十日、大総督府参謀・長州藩木梨精一郎に対して、このような状況であるから明け渡し当日にすべての兵器を引き渡すのは不可能、予め了解願いたいなどと申し入れているのです。実に滑稽な降伏の姿であるといわざるを得ません。

当然、木梨は怒ります。軍艦が脱走したといっても、範囲は「地球上に限られる」のだから探索しろなどと、無茶苦茶な話になってきます。大久保・勝はそれでも、東征軍が直接出てくれば必ず武力衝突となるからここはひとつと、木梨をなだめるわけです。

木梨にも、自分たちは勝者＝官軍であるという意地が芽生え始めています。十一日の江戸城入城に際しては、一戦を覚悟して臨むという姿勢を示し、これを各部隊に発令して、当日は午前八時駐屯地を出陣、全軍桜田門から江戸城へ入城しました。

幸いなことに当日は何事も起きず、江戸城明け渡しだけは無事に完了したのです。上野寛永寺で謹慎していた慶喜は、寛永寺を出て実家の水戸家へ落ちて行きました。そして、東征軍大総督有栖川宮熾仁親王がようやく江戸城に入ったのは、四月二十一日のことでした。

これが、江戸城無血開城の経緯です。事態は、この後まだしばらく渾沌《こんとん》とします。しかし、どこからみても、江戸城無血開城とは、敗者の対応とすれば本来そういうものであり、結果として偶々《たまたま》無血で済んだだけであって、語り継がれてきたような麗しい物語はどこにも存在しません。

西郷と勝の心を開いた会談によって成立した開城ではなく、そもそも会談は二人だけでは行われていません。大久保はこの交渉においては勝と同格或いはそれ以上であり、会談には山岡も同席しているのです。

そして、既にお気づきでしょうが、条件交渉において西郷の意向が条件に反映されたかといえば、そもそも西郷にはその権限が付与されていないのです。二人の下参謀の一人として東征軍を代表する形にはなっていましたが、下参謀の上には二人の参謀がおり、更に上には大総督がいるのです。その大総督も、「大」を付してはいるものの、当然京都の朝廷の意向に従って動いています。そういう組織体制であったからこそ、西郷はフットワークを軽くして、裁可を得るべく走り回ったのです。

ただ、独断癖のある西郷が先走った面が認められ、そのことがこれ以降の新政権内での西郷の立場を悪くしたことは確かです。残念ではありますが、美談として語られてきた江戸城無血開城とは、殆どすべてフィクションであると断じていいでしょう。

なお、西郷は、英国公使パークスの圧力に屈して江戸総攻撃を中止せざるを得なかったというもっともらしい説が幅広く語られますが、結論だけ述べれば、パークスの圧力などというものは存在しません。

2　勝は咸臨丸を操船したのか？

咸臨丸といえば、私どもの世代は、勝海舟に指揮されて初めて日本人自身の力で太平洋を横断するという偉業を成し遂げた軍艦として教え込まれ、明治維新を彩る麗しい物語の主要な部分として揺るぎない存在でした。そして、咸臨丸と勝海舟は、常にセットで語られ、讃えられてきたのです。

しかし、簡略に述べたこの叙述は、咸臨丸という船が太平洋を渡ったこと以外はすべて〝でたらめ〟です。昨今はようやく、この物語の一部の虚偽が指摘されるようになってきましたが、その指摘そのものがまだまだ多くの虚偽をベースにしていることが多く、一度根づいた誤った歴史を正すということは大変時間のかかることなのです。

咸臨丸という船は、幕府がオランダから購入した、初期の幕府海軍としては外輪船軍艦観光丸に次ぐ二番艦でした。木造三本マストの船で、艦種は蒸気コルベット艦という種類・クラスに分類されます。

コルベット艦咸臨丸は、全長五十メートル弱、幅九メートル弱、排水量は六百二十トン、百馬力の蒸気機関を備え、最大速度は六ノット、備砲は十二門でした。船について述べる時は、速度を「ノット」で表現するのが普通ですが、六ノットとは大体時速十キロメートルと考えて差支えないでしょう。

ここでは船の大きさや構造を述べることが本旨ではありません。ただはっきりいえることは、そのような大変な航海を勝麟太郎（海舟）が指揮できるわけがないということなのです。

その前に、咸臨丸は何故太平洋を渡ることになったのでしょうか。

安政五（1858）年六月十九日、日米修好通商条約が締結されましたが、幕府はこの条約の批准書交換のために、安政七（1860）年正月、遣米使節を派遣することになりました。正使新見正興、副使村垣範正《のりまさ》、監察（目付）小栗忠順という三使率いる使節団は、従者や賄い方を含めると七十七名という大所帯となり、アメリカ軍艦ポーハタン号に乗って渡米したのです。

この時、これまで長崎で行ってきた海軍伝習の成果を実地に試す計画が立てられ、ポーハタン号の護衛を名目として幕府軍艦を派遣することになったのです。この軍艦が咸臨丸なのです。

つまり、咸臨丸は、正規の使節団を乗せたポーハタン号の随伴艦という位置づけであり、幕府が「いい機会だから」というような心持ちで派遣したものなのです。正使一行に何かあった場合に代わって批准書交換を行うという〝代理〟の任を帯びていたなどといわれることがありますが、そういうことはありません。あくまでオランダ人から習った操船技術の実地訓練が目的だったのです。

ただ一点、咸臨丸には別の使命が与えられていました。往路または復路に小笠原諸島に立ち寄り、諸島及び周辺海域の調査を行うことです。幕府は既に、米英との間で小笠原諸島の領有権争いが発生することを予見していました。事実、この問題は、後に米英との間で危うく国際紛争になりかかったのです。

ポーハタン号に乗った使節団を「万延遣米使節団」と呼びますが、これは、対外協調路線に舵を切った幕府が公式に派遣した初めての対外使節団でした。これに監察として小栗上野介忠順が加わっていたのです。

小栗上野介忠順。彼こそが、江戸期末期に現出した「徳川近代」とも呼ぶべき時代をリードした中心人物です。誇り高き直参旗本にして傑出した国際協調派であり、「徳川近代」を支えた主役といっていいでしょう。

この使節団の正使はあくまで新見豊前守正興でしたが、相手国アメリカ合衆国政府も新見以上に、この小栗忠順を重視しました。「徳川近代」という時代は小栗という存在があってこそ成立したといっても、決して過言ではありません。

ところが、薩摩・長州が徳川幕府を転覆させることによって成立した「明治近代」という時代とそれを支配した政権の誕生を麗しく叙述してきたこれまでの歴史物語では、この「万延遣米使節団」を語るについても、咸臨丸を述べてもポーハタン号には一切触れず、勝麟太郎を英雄視しても小栗忠順は名前すら教えなかったのです。

勝と咸臨丸にまつわる官軍正史というお話は、「明治近代」の「官」の中枢に直結します。

具体的には、「官」のイメージ形成を決定づけた代表的な一つの虚偽といってもいいのです。

前述した通り、咸臨丸は、「万延遣米使節団」一行を乗せたアメリカ軍艦ポーハタン号の随伴艦であり、正使一行が帯びていた批准書交換のためというような外交的使命は何ももっておらず、オランダ人から習った航海技術を実地に試すために太平洋横断を試みたのです。

そして、この船のトップは勝ではなく、木村摂津守喜毅《よしたけ》でした。更に、咸臨丸を操船したのは、アメリカ海軍ブルック大尉以下十一名の米兵と笠間藩士小野友五郎です。

では、英雄勝海舟は、航海中何をしていたか。特段、何もしていません。いや、技量、海事能力の問題で何もできなかったのです。三度だけ甲板に出てきたという証言は残っています。

勝は一体どういう航海をしたのでしょうか。

いわゆる「戦前」のこと、つまり、大日本帝国が長州の吉田松陰の主張そのままに、大東亜共栄圏を目指して対外膨張に躍起になっていた軍国日本の時代に時を進めます。

明治新政権成立から約半世紀、背伸びに背伸びを重ねてきた我が国は、世界三大海軍国と自負するまでに海軍力を増強していました。他の二国とは、アメリカ合衆国と大英帝国です。

この英米を筆頭とする第一次世界大戦の戦勝国側、即ち、連合国側は、大戦後も軍備、特に海軍力の増強を推進しようとしていました。

平成を経て令和ともなると、自国の歴史についてもとんでもないことをいい出す「もの知り」が増えましたので、念のため確認しておきますが、日本は第一次世界大戦において軽微な損害を受けたものの、「漁夫の利」を得たといえます。殆ど何もせず、戦勝国という果実のみを手にした恰好でした。敗戦国ドイツのもっていた対中国権益を引き継ぎ、南方に信託統治領を手にし、戦勝国連合である「国際連盟」の常任理事国となり、メディアに煽《あお》られた国民は「五大国」というフレーズに酔っていたのです。

明治維新以来続いていた、特に日露戦争以降顕著になった対外的な〝背伸び〟に現実の国力が追いついていないことに、官民挙げて目を塞いでいたのです。

しかし、軍備増強＝軍拡が国家財政を圧迫するという現実は、日本だけでなく、大英帝国、アメリカ合衆国も同様であったのです。

例えば、アメリカの「ダニエルズ・プラン」、日本の「八八艦隊」構想などがその代表的な事例ですが、もし「八八艦隊」を構想通り実現させようとすれば、当時の国家予算の三分の一を要したといわれています。

因みに、「八八艦隊」構想とは、思い切り簡略に述べれば、「艦齢八年未満の戦艦八隻と巡洋戦艦八隻」を主軸として海軍戦力を整備するというもので、明治四十（１９０７）年に帝国国防方針として決定されたものです。最終的には大正九（１９２０）年、構想された全艦の予算が帝国議会を通過したのです。

予算が成立した時の内閣は原敬《たかし》内閣（原は在任中に暗殺）でしたが、日露戦争以降この計画を推進してきた時期の内閣総理大臣は、西園寺公望《さいおんじきんもち》（公家）、桂太郎（長州閥）、山本権兵衛《ごんのひょうえ》（薩摩閥）、大隈重信《おおくましげのぶ》（肥前閥）、寺内正毅《まさたけ》（長州閥）でした。

余談ながら、明治時代の内閣総理大臣は、薩摩・長州・肥前と公家以外からは一人も出ていません。大正に入って登場した第十九代原敬内閣が、討幕勢力以外から出た初めての内閣でした。

お気づきでしょうが、右の内閣総理大臣の内、桂太郎、山本権兵衛、寺内正毅は陸海軍大将まで昇り詰めた軍人であり、討幕戦争を経験した西園寺公望、大隈重信も純粋な文人とはいい難いのです。我が国の政体は、議会を開設し、憲法を制定したそのスタート時点から、既に天皇を軸とする軍国政体であったのです。

このような歴代軍事政権が、常に軍備拡張路線を採ったとしても何ら不思議なことではありません。

西郷隆盛、大久保利通、木戸孝允《たかよし》を始祖とする伊藤博文、山縣有朋《やまがたありとも》たちの討幕戦生き残り組から始まる「藩閥政治」の担い手たちは、「殖産興業」「富国強兵」に励んだ麗しい明治時代史を自ら叙述しましたが、現実には「強兵」のみを追い求めたといってもいいでしょう。

もともと「富国強兵」とは、「徳川近代」を担った一群の政権担当主流派の考えていた基本方針であったのです。何の時代構想、展望ももたずに、ただ討幕を目的として、それを果たして成立した明治新政権は、万事「徳川近代」の敷いた路線を走るしかなく、「徳川近代」の遺産、道半ばの計画、将来設計などをすべて引き継ぎ、模倣することになりました。後にこれを明治新政権が創り、実現に向けて奮闘したという、露骨な偽りの歴史を記述したものが、今、私たちが知っている「明治百五十年」という言い方をする官軍正史なのです。

さて、「富国強兵」というスローガンの「強兵」のみを追い求め、僅か五十年で「八八艦隊」を構想するまでになった軍国明治は、日露戦争を経て第一次大戦の戦勝国となったこともあって、一種の絶頂期心理を味わっていたように見受けられます。絶頂期がいい過ぎならば、少なくとも「安定期」を迎えたゆとり心理に支配されていたといえるかも知れません。それは、政権担当者以上に、メディアに煽られた一般大衆により強かったことに着目しておかなければなりません。

このような時期には、歴史を「振り返る」という心理が強くなるものです。それは「歴史の検証」ということとは全く異質であって、自らのルーツを探り、よくぞここまで昇り詰めたものだと自己満足する、自己肯定感を確認する心理に他ならないのです。

「八八艦隊」を構想するような、世界三大海軍にまで強大となった我が帝国海軍、この始祖は誰であったのか。海軍において、このような「振り返り」が行われたとしても不思議ではない時代となっていたのです。そして、この頃から「帝国海軍の父は勝海舟」であるということがいわれるようになったと観察できるのです。

確かに、官軍史によって勝の経歴だけを概観すれば、そのように映るかも知れません。勝は、長崎海軍伝習所の一期生であり、咸臨丸で航米したことは事実です。その後、軍艦操練所頭取、軍艦奉行、海軍奉行並と、海軍方の役職に就《つ》いています。但し、注意すべきことは、これらが「断続的」であったということです。つまり、勝は、これらの役職に就いている時期と、それを解かれて非職の時期を繰り返しているのです。

勝家は小普請《こぶしん》組、つまり、実質的には無職です。父小吉もそうでしたが、常に就職活動、猟官活動をする必要がありました。幸いなことに、勝には父親譲りの巧みな弁舌能力、調停能力がありました。彼は、弁舌と周旋能力だけで幕末を生き抜いたといっても、決して間違いではありません。

『氷川清話』に代表される勝の証言を無条件に史実とした学者や歴史家に非があるのであって、「ホラ吹き勝」といわれた勝のホラ話は、生来身についていた、生きるための彼の「性癖」のようなものと解すべきなのです。

勝は、長崎海軍伝習所時代には学生長の一人を務め、オランダ人教官と伝習生の間を取りもったので、オランダ人教官の受けはよかったのです。ところが、肝心の学業の方は劣っており、留年させられています。

咸臨丸では、軍艦奉行木村摂津守喜毅の下、「教授方頭取」を務めました。この時の木村を「提督」とすれば、勝は「艦長」に相当するでしょう。

ところが、出港後直ぐに船酔いとなり、アメリカに着くまで三度しか甲板に出てこなかったといわれるほど船室に閉じこもったままであったといいます。勝は、出港前から病気だったと言い訳をしたこともあるようですが、それなら最初から乗船すべきではないのです。

木村喜毅の証言によれば、太平洋の真ん中で「俺はこれから帰るから、バッテラを下ろせ」とダダをこねることもありました。木村は、

「勝さんはただ船に酔ったというばかりでなく、つまり不平だったのです」

と回顧しています。

何に対して不平であったのか。それは、自分の上に木村が存在したことです。こんな無茶な不平不満はありません。身分、幕政キャリア等々を無視し、海軍伝習所にいたというだけで勝が木村に上位するとしたら、逆に周囲から猛反撥が起きたことでしょう。

阿部正弘が主導した徳川近代という時代においては、阿部の徹底した人材登用策によって実力のある者は身分や家柄、所属などにかかわらずどんどん抜擢されました。勝と同じ咸臨丸に乗船した小野友五郎は、この時点では笠間藩士であり、それも末席の藩士でした。つまり、

直参ではなく「陪臣《ばいしん》」です。それが実力のみで、徳川近代の科学技術を支える立場まで抜擢され、これには笠間藩主が驚いたほどです。一体どこから見つけてきたの？　と問いたくなるような人材の積極的な登用――こういう時代の雰囲気が勝に影響を及ぼし、根拠のない思い上がりを生んだのかも知れません。

こういう勝が、士官からは軽蔑され、水主《かこ》たちからも疎《うと》んじられたのは仕方のないことでしょう。

咸臨丸が無事サンフランシスコに入港した際、アメリカ海軍は二十一発の礼砲を以て迎えました。当然、答礼を返すのが国際的な海軍儀礼です。砲術方を兼務していた運用方・佐々倉桐太郎が勝に答礼砲発射の許可を求めた時、勝は、失敗すると恥になるから控えた方がいいと指示したのです。佐々倉が驚きつつも、答砲すべきであると食い下がると、勝は、やりたければ勝手にやれ、成功したら俺の首をやると言い放ったのです。

己の技量に自信のない勝は、本当に失敗することを懸念していたのかも知れません。しかし、この時期の幕府海軍士官が礼砲発射に失敗するなどということは考えられないことです。

勿論、佐々倉以下の士官たちは、無事に答礼の礼砲を発射しました。佐々倉は、「今、勝麟の首をもらってもよいが、艦長として首がないと不便だろうから日本に帰り着くまで預けておこう」と声を張り上げ、士官たちを喜ばせたということです。

要するに、口先だけで世渡りしてきた官吏に太平洋は横断できないということです。

では、咸臨丸は誰が操船していたのでしょうか。このことについては後述します。

司令官ともいうべき立場の木村喜毅は、パナマまで「ポーハタン号」に随行し、その先は咸臨丸を勝に任せて帰国させ、自らは正使新見たちと共にワシントンまで行く心算《つもり》であったようです。ところが、勝がこの有様では帰国航海を任せるのは無理と判断、そのまま自らが指揮してサンフランシスコから引き返してきました。

帰国後、勝は蕃書調所《ばんしょしらべしょ》頭取助に転属となりましたが、これは体よく海軍を追い払われたことを意味します。当然といえば当然ですが、木村は、勝に海軍の適性なしと判断したのです。

文久二（1862）年、勝は軍艦操練所頭取に返り咲きますが、これは、海軍のことが全く分からない大久保忠寛に取り入り、大久保の推挙を得たことによりますが、軍艦操練所では、海軍に無能な者に頭取として来られても困るとして教授方が〝ストライキ〟を行うという騒動が発生しています。

また、後世、後の海軍兵学校の基になったかのように語られる神戸の軍艦操練所も同様です。この操練所は確かに勝の運動で生まれた一面がありますが、幕閣としては、元治元（1864）年三月、築地の軍艦操練所が火災に遭って機能しなくなったため、やむなく開設を認めたという経緯があるのです。

ところが、勘定方、海軍方双方から猛烈な反対が沸き上がり、半年ほどでこの施設は潰されてしまい、勝は解任、ここでの海軍教育は実質的に何も行われていません。坂本龍馬も登場する神戸の軍艦操練所にまつわるお話は、殆どがフィクションであると断じていいのです。

幕府の海軍教育は、安政二（１８５５）年、長崎西役所に置かれた養成機関から始まり、これが「長崎海軍伝習所」となります。安政四（１８５７）年四月には江戸・築地の講武所内に「軍艦教授所」が開設されたことを受け（安政六年に軍艦操練所と改名）、安政六（１８５９）年二月に長崎海軍伝習所は閉鎖されました。幕府海軍士官の養成は、築地の軍艦操練所に一本化されたのです。これが、明治以降の海軍士官養成機関である「海軍兵学校」へと繋がっていくことになります。

では、海軍や船の扱いに適性なしと判断されていた勝が、「八八艦隊」を構想するまでになった帝国海軍から、何故「海軍の祖」と崇《あが》められるようになったのでしょうか。

留年生であったとはいえ長崎海軍伝習所出身の勝は、咸臨丸で日本人自身の力で初めて太平洋を横断するという「偉業」を成し遂げたことになっています。日本人の手による初めての横断であったことは、勝自身が『氷川清話』で語っています。

現場教授の猛反撥を受けたとはいえ、軍艦操練所頭取、軍艦奉行並にも任命されたことがあり、神戸軍艦操練所で指導に当たったともされてきました。そして、明治になって海軍卿に昇っています。こういう経歴が、勝が如何にも海軍畑で活躍したかのような誤解を与えたのです。これは、断定しておきますが、どこまでも誤解です。

勝には、海軍の適性、もっといえば軍人としての適性は全くありませんでしたが、人にはない別の才能がありました。弁舌能力とそれを生かした調停能力です。幕閣が必要としたのは、勝のこの能力なのです。

そこで、勝の弁舌力、周旋力が必要となると取り立てるのですが、どこへ籍を置くかを考えると、もともと海軍方であったので海軍関係の部署しかなかったのです。そして、用が済むと解任し、再び必要となると海軍方の何らかのポストに呼び出します。二度に渡る軍艦奉行並などはその典型で、一度目は四国艦隊の下関砲撃を中止させる交渉のためであり、二度目は長州再征をめぐって対立する会津と薩摩の調停を目的とした任命であって、いずれも失敗すると、勝はまた非職に戻ってしまうのです。

明治になってから、同時代を生きた関係者からは「勝の本領は政治的な調停で、昔から海軍にはただ籍を置いているだけ」ということをいわれていたようです。確かに、その通りでした。

長州出身で海軍兵学校卒、元海軍中尉藤井哲博氏は、『咸臨丸航海長小野友五郎の生涯』（中央公論社）において、次のように指摘しています。

――後年、世の人に――海軍部内の人にすら――彼をして「日本海軍の父」と思い込ませるのに与《あずか》って力があったのは、彼の編集した『海軍歴史』である。これは実際には木村芥舟(元摂津守)と長崎海軍伝習所二期生出身の伴鉄太郎が史料を蒐集し、勝が編集に与ったものである。(中略)

これを史料として読むに当たっては、若干の注意を要する。木村芥舟と伴鉄太郎が蒐集した原史料は信用できるが、勝が提供した自分自身に関する史料は原本そのままではないこと、およびその編集方法と彼の付け加えた解説の部分が混乱しているために難解となっていることの二点である。これは勝が実際海軍の仕事にあまり従事していなかったことを露呈し、また彼自身の海軍への関与を実際以上に見せようとする意図をもっていたことを物語るものだが、近年研究がすすみ、『勝海舟全集』の編集者などの気づかれた点は注記されているので、助かる。

この『海軍歴史』と晩年の彼一流の無責任な法螺《ほら》話とが、両々あいまって、史実と違う伝説を作りあげてしまったといわざるをえない。その最たるものが「咸臨丸の日本人単独運航説」などであろう。――

勝は『海舟日記』において、「狎邪《こうじゃ》の小人」「大邪」という言葉を使って、自分の気に入らない徳川官僚たちを名指しで罵倒しています。

例えば、勝のいう「狎邪の小人」とは、小野友五郎、肥田浜五郎、木下謹吾などで、「大邪」が小栗上野介忠順を指します。

幕府海軍を建設し、日本海軍の基を築いたのは、即ち、「徳川近代」を支え、我が国近代のベースを創ったのは、この小栗忠順、小野友五郎以下、勝が「狎邪の小人」「大邪」として罵倒した傑物たちであったのです。

即ち、海軍の近代化、我が国の近代化という歴史を考える時、咸臨丸でその無能を露呈した勝海舟という存在は、無縁であるとして差支えないのです。

勝のことをここまで述べた以上、実際の咸臨丸の航海について述べないわけにはいかないでしょう。

安政七（1860）年正月十九日、咸臨丸はアメリカに向けて浦賀を出港しました。正使一行を乗せたポーハタン号が出港したのは、三日後の正月二十二日でした。

水主は、塩飽《しあく》諸島と長崎から集められました。中浜（ジョン）万次郎が通弁として乗り組んでいましたが、彼については、今更多くを語る必要はないでしょう。数奇な運命をたどった、という言い方がありますが、この男は自ら数奇な生涯を創り上げたというべきでしょう。その過程で培った生きる力が、この航海でも見事に生かされました。咸臨丸の日本人乗組員で、サンフランシスコまで太平洋を乗り切るについて「役に立った」のは、この中浜万次郎と小野友五郎くらいであったことは、複数の乗組員の残した証言記録からも明らかです。

木村は、士官クラスをすべて長崎海軍伝習所出身者から選抜しました。木村は、初代の永井尚志《なおゆき》の後任として海軍伝習所頭取を務めており、伝習生個々の力量は把握していたはずです。また、咸臨丸派遣の主目的に照らせば、伝習生から選ぶべきであったのです。

また、アメリカ公使館に直談判しブルック大尉たちの乗船を実現させたのも木村でした。これには日本人士官以下関係者すべてといってもいい周囲から、猛烈な反撥がありましたが、木村は幕閣を説き伏せたのです。

木村には、分かっていたのです。

海軍伝習所といっても基礎学習と初歩的な実習を修めたに過ぎず、いざ実際の航海となれば役に立たないであろうと考えたのです。

西欧列強の軍艦には「一定の規則」があり、士官たちには「相当の位階俸禄を付与し、服章其の他庖厨《ほうちゅう》の事に至るまで」日頃より訓練、準備が行き届いています。それに対して我が国では、いまだに攘夷を喚く輩《やから》が騒いでおり、軍艦の規則を設けるなど思いも至っていなかったのです。

そして木村は、きっぱり言い切っています。

「和蘭より取り入れたる一、二の軍艦ありと雖《いえど》も空しく近海に碇泊して僅かに運輸用に供するのみ」

木村は、決死の覚悟でこの任を受けたのです。自分がこの任を辞すということになると、「我国海軍の端緒を啓《ひら》かんとするの盛挙」が忽ち瓦解することが分かっていたのです。そうなれば「千載の遺憾」であり、「一死を決して」やるしかないと心に決めたのです。

このことは、決して後世に語られがちな講談調の物語ではありません。彼は、咸臨丸のアメリカ派遣を、幕府が列強に対して仕掛けた戦《いくさ》であると捉えたのです。

戦は勝たねばなりません。敗れた時は一死あるのみ。そこで、勝つためになりふり構わぬ、後ろをみない準備をしました。これは、江戸末期ともなると、直参旗本の思考回路からしか生まれない心のもち様であったといえるでしょう。

戦は、人と金です。幕府からは渡航費用として七千六百両と洋銀（メキシコドル）八万枚が出ていました。これとて、逼迫する幕府財政を預かる勘定所は、このような大金を使って軍艦を派遣する意味はあるのかと反撥したのです。

戦ともなれば何が起こるか分かりません。木村は、代々浜御殿奉行を務めた由緒ある木村家の家産をすべて売り払って三千両の資金を創りました。それでも不十分と思ったのか、幕府から個人で五百両の「拝借金」を得ました。幕府から個人名義で借金をしたのです。

木村はこの資金を使って、あと少しでサンフランシスコ入港というタイミングや、またメーア島で修理が完成した時など、節目節目で乗組員に「褒美《ほうび》」を与え、士気を鼓舞したといいます。乗組員たちの故郷への土産物代金も彼が負担しています。彼は事前に、幕府に対して乗組員の手当ての増額を申請していましたが、却下されていたのです。

このようにして、木村は日本へ帰り着いた時には自己資金を使い果たしていました。一方で、幕府から支給されていた公金については節約に努め、何と後日「戻入」を行っているのです。つまり、精算した上で帳簿と共に「これだけ余りました」と返金しているのです。これが木村摂津守という男であり、徳川近代を支えた直参官僚です。

咸臨丸には、木村の従者という形で福澤諭吉が乗船していました。木村が、見ず知らずであった福澤諭吉という若い中津藩士の熱意を知り、便宜を図ったものです。この福澤が後に渡米した際、公金を私的に流用し、小野友五郎たちの怒りを買います。

西洋から学ぶことはたくさんあったでしょうが、その前に彼は、恩人木村のすべてを学ぶべきであったと、無念の思いがこみ上げてきます。

咸臨丸の航海は、確かにひどいものでした。殆ど毎日荒天で、晴れた日はほんの数日しかなかったようです。採ったコースも悪かったとしか言い様がありません。

咸臨丸の航路は、北緯36度、東経157度というエリアを突っ切る大圏コースといわれる航路で、冬のこのエリアは低気圧の発生海域とされています。

出港の翌日から船は荒波に翻弄され、日本人の殆どがダウンしました。最初の十日間が特にひどかったようです。このため咸臨丸の操船は、ブルック大尉以下アメリカ人十一名が行いました。木村の従者の証言記録によれば、アメリカ人たちと共に作業をしていたのは、中浜万次郎と小野友五郎、そして、浜口興右衛門の三人だけであったといいます。

ブルックも、日本人は帆が上げられない、風をみて舵をとることができない、帆をたたむことができないと嘆いています。そのくせ日本人は、ブルックたちを乗船前から蔑視していたのです。

ブルック自身も日本人の反撥は十分感じており、理解していましたが、自分たちがやらなければ船は確実に沈没します。このことを十分認識していたのは、当のブルック以下のアメリカ人たちと小野友五郎、中浜万次郎以下数名の日本人、そして、木村摂津守のみであったのです。

ブルックは、日本人士官は無能だと怒りつつ、小野友五郎と中浜万次郎の知識と技術には驚嘆と共に敬意を払い、木村摂津守の人柄には尊崇の念を抱くようになっていきました。

サンフランシスコでブルック一行と別れる時、木村は船室にブルックを呼んで謝意を伝えると共に、持参した小判を示し、好きなだけ持っていってくれと頼んだといいます。ブルックは、これを固辞しました。

その後の現地での記者会見においてブルックは、日本の士官が航海術に習熟していたこと、操帆作業も迅速であったことなどを現地紙の記者に語っています。木村に対する尊崇の念、小野や中浜に対する敬意がなければ、彼はもっとあからさまな事実を語っていたに違いありません。

ブルックは、江戸湾で台風に遭って座礁、沈没した測量船の船長で、帰国の便船を捜していたところを、偶々木村に請われて咸臨丸に乗船することになった軍人です。

繰り返しますが、ブルックたちアメリカ人と中浜万次郎、小野友五郎以下数名の技量をもった日本人がいなかったら、咸臨丸は出港後十日を待たずに確実に海の藻屑となっていたことでしょう。そして、こういう人物を編成した直参旗本・木村摂津守の「覚悟」が、それを防ぎ、咸臨丸の太平洋横断という歴史を創ったといえるのではないでしょうか。

3　勝海舟英雄譚が生き続けた不思議

それにしても、根拠のない「勝海舟の英雄物語」は何故令和の今日まで生き続けているのでしょうか。江戸城無血開城という講談のようなお話も、咸臨丸での太平洋単独横断というまるで冒険物語のようなでたらめも、少し冷静に観察し、多少の手間暇をかけて調べれば真実は分かるはずなのです。

前節までに、何度か小野友五郎という名前を、どちらかといえば、唐突に出しました。彼の事績を整理すれば、特に「勝海舟の咸臨丸」という、私たちが永年親しんできた、まるで鞍馬天狗のような英雄譚《えいゆうたん》は完全に崩壊します。

咸臨丸＝勝海舟、吉田松陰＝松下村塾というステレオタイプの成句は、本筋が虚偽から成立している官軍正史の中でも際立って悪質な偽りですが、咸臨丸における実際の勝はここまで述べてきたような存在でした。

では、咸臨丸の航海を成功に導いた人物は誰であったのかという当然の反問から、ブルック大尉以下のアメリカ人や木村摂津守のことに触れてきました。それ以外に、特に一章一巻を設けてでも、幕末史を語る者の良心にかけて言及しておかなければならない人物がいます。それが、小野友五郎です。

もし、史実に即した「咸臨丸」という映画かドラマを製作するとすれば、その主役は紛れもなく小野友五郎なのです。

中浜万次郎は、確かにブルック大尉たちとアメリカ人に反撥する日本人士官の間に立って、その和を図ることにずいぶんと苦労しました。木村摂津守の従者として乗り込んでいた福澤諭吉は、既に一定レベルの学識を備えた人物ではありましたが、咸臨丸においてはどこまでも観察者であったに過ぎません。

小野友五郎は、そういう存在ではなく、咸臨丸で太平洋を横断するという難しい事業を実践する力として存在していたのです。彼は、通弁であった中浜万次郎を除けば、ブルックが航海中に戦力として頼った唯一の日本人士官であったのです。

前述しましたが、驚くべきことに、この時点で友五郎は幕臣ではなかったのです。常陸笠間藩牧野家家中でした。つまり、「陪臣」であったのです。阿部正弘が主導した徳川近代における人材登用策という施策が、如何に凄まじいものであったかを、この点にみることができます。

勝は、「実質御家人、建て前旗本」といっていいような若干ややこしい身分、立場でしたが、徳川直参であることに間違いはありません。このややこしい立場についての詳しい解説は避けますが、これはこの任のために木村摂津守や幕閣が特別に用意したものなのです。

勝がこのことをどこまで理解していたかは不明ですが、勝という人間は身分や位階というものに執着するタイプであり、直参という立場から陪臣に対しては「上から目線」になり、蔑視さえするのです。

友五郎は運用方であると共に測量方でもありました。兼務です。

船が大洋を航海する時、まず自らの位置を知る必要があります。己の位置が判らなければ航路の定めようもなく、目的地に着くことは不可能です。陸上と違って、大洋には船を導いてくれる目印は存在しないのです。

古来、海に生きる人びとは、太陽や月、そして、星、即ち、天体を観察することによって自分の位置を把握しました。天体観測＝天測ができなければ、大洋の航海はできないのです。

当時、この天測の知識・技術に通じた者を「航海士」、幕府では「測量方」と呼んでいました。つまり、咸臨丸のケースでは、太平洋の真ん中で自船の位置を割り出し、その後の針路を決定するのが測量方の任務なのです。

咸臨丸の乗組員の中でこの天測ができた者は、ブルック大尉と小野友五郎、友五郎を補佐する立場の赤松大三郎、そして、中浜万次郎でしたが、もっとも高い技量をもっていたのが、ブルックと友五郎でした。友五郎も勝海舟も長崎海軍伝習所の一期生でしたが、勝に天測は無理でした。

中浜万次郎については、ジョン万次郎として一般に広く知られているので詳細は割愛しますが、彼の身に付けた航海術は机上の勉学だけに依るものではなく、永年に亘る実際の航海で獲得したものでした。いわば、叩き上げの者のもつ極めて実践的な知識と技術でした。

改めて、ブルック大尉とはそもそも何者であったのでしょうか。勝は、「難破した亜人（アメリカ人）をついでに乗せてやるのさ」などと日本人乗組員に軽く語っていましたが、ブルックの乗船を懇請したのは木村摂津守です。そして、ブルックは木村に乗船を請われるだけの人物であったのです。

ジョン・ブルックは、フェニモア・クーパー号という、僅か96トンの小さな測量艦の艦長でした。この艦が江戸湾で台風に遭って座礁・沈没、彼は横浜に留まっていたところ、咸臨丸に乗船する機会を得て帰国することになったのです。

ブルックは、弘化三（１８４６）年、アナポリスに新設された「海軍学校」（後のアメリカ海軍兵学校）の一期生です。地中海派遣艦隊勤務の後、「沿岸測量部」に配属され、海図の作成に従事しました。嘉永四（１８５１）年からは「海軍観測所」勤務となり、その後、５艦から成る「北太平洋・ベーリング海・東支那海水路探検隊」の艦隊航海士を務め、艦隊をアメリカ東海岸から喜望峰経由で香港に回航した経験をもっています。

香港から本格的な水路探査を始め、日本の東海岸航路から東北沿岸部、千島列島を北上しベーリング海を測量して、サンフランシスコに帰任しました。この時彼は、太平洋を横断しているのです。

更に、安政五（１８５８）年、サンフランシスコ─香港間の蒸気船航路調査のために、先のフェニモア・クーパー号で太平洋を逆回りで横断しています。つまり、彼は北太平洋航路についてはアメリカ海軍の中でもっとも精通していた測量と航海術の専門家であったのです。測量方の赤松大三郎は、ブルックについて「相当な熟練家」という証言を残していますが、熟練家どころではなかったのです。

このブルックが、小野友五郎が「月距法《げっきょ》」をマスターしていて、その手法を使いこなしていることに驚いたのです。

「月距法」とは、天球を時計に見立てて時刻と経度を算出する、当時としては最高の技術でした。

天体を観測することによって航海するという技法は十五世紀の大航海時代から行われていましたが、秒の単位まで正確に測れる船用時計がなかった時代のこと、船上では緯度しか分からず、経度は決定できなかったのです。開発された「月距法」では、恒星を時計の文字盤、月を針と見立て、恒星と月との角距離＝月距を測定し、正確な時刻と経度を算出したのです。

この手法の原理そのものは簡単でしたが、これによって時刻を算出するとなると非常に複雑な計算が必要となり、初期には一回の計算に三〜四時間を要したともいわれています。つまり、この技法を実地に使いこなすには、天文学と高等数学の知識が必須であったのです。国際社会に登場してきたとはいえ、アメリカ人もイギリス人も極東の未開国という程度の認識しかもっていなかった日本に、このような「月距法」を使いこなす海軍士官がいる――このことがブルックにとっては驚愕すべきことであったのです。

ブルックは知らなかったのでしょう。実は、小野友五郎は和算の専門家でもあったのです。江戸期日本の和算のレベルは非常に高く、数学として世界最高のレベルにあったとされています。

数学者・関孝和《せきたかかず》の名は大概の人が知っているでしょうが、「算聖」と崇められた彼は、紛れもなく天才であったといえるでしょう。関は、宝永五（１７０８）年に死去していますが、彼の死後も関流数学は和算の中心勢力でした。

驚くべきことに、関孝和は１６８０年代初頭に西洋数字とは全く関連なく、円周率の近似値を算出しています。彼の算出した円周率の近似値は、「３・１４１５９２６５３５９微弱」というもので、平成のゆとり教育でこれを３と教えたことを考えれば、このことは驚異的であるといわざるを得ません。数学の話に立ち入ると、私には厄介なことになりますので、「微弱」の説明は差し控えます。

その他、微分積分学の定理の確立、ベルヌーイ数の発見など、いずれも西欧とは独立した業績であり、ベルヌーイ数の発見に至っては、当のベルヌーイ本人より早いという、驚くべき成果を挙げているのです。

関孝和という魁が存在したこともあって、江戸期日本の数学（和算）レベルは、世界の標準を遥かに凌駕《りょうが》していました。有力な藩では、藩校で教授する科目になっていたところもありますが、多くの藩では藩士の中にいる数学者を「算術世話役」に任命し、その者に私塾を開かせるという形で数学教育を行っていたのです。結果として、江戸期日本は、国内の至る所に数学の塾があるという、世界に類をみない〝理数国家〟でもあったのです。

友五郎の最初の和算の師は、甲斐駒蔵応永です。甲斐は、笠間藩の算術世話役として藩士の子弟の指導に当たっていました。天保年間初頭に師匠の甲斐自身が、江戸の和算の大家、長谷川寛の門人となりました。甲斐は、長谷川寛・長谷川弘に師事しましたが、この長谷川流は、関流の有力な一派であったのです。

友五郎は、天保十二（１８４１）年、江戸表笠間藩下屋敷へ〝転勤〟となりました。ここで元締め手代として江戸表の財政を預かることになります。そして、弘化二（１８４５）年頃とされますが、友五郎も長谷川弘に入門しました。弘化三（１８４６）年には、藩の算術世話役に指名され、師であった甲斐駒蔵に追いついた恰好となったのです。

嘉永五（１８５２）年に友五郎は、師であった甲斐との共著という形で『量地図説』二巻を著していますが、このことは友五郎が地方《じかた》算法にも十分通じていたことを表わしています。

地方算法とは、農政に必要な普請や量地＝陸地測量のための数学で、伊能忠敬《いのうただたか》が日本全国の測量に際して使った「導線法」や「交会法」という技術はこの算法に含まれるものです。江戸期日本では、元禄期には既にこの算法が確立していたのです。

同じ嘉永五年の末、友五郎は藩から幕府天文方への出役《でやく》を命じられます。時は人材登用に積極的であった阿部正弘政権下、友五郎は和算の専門知識を買われたわけですが、この時点の彼の笠間藩での身分はまだ「徒士《かち》」にも入らない「徒士並」で、切米三十俵という〝薄給〟でした。

幕府天文方という役所は、「暦作御用」といって毎年の暦を編集するのが主たる業務でした。その暦の精度を維持するために、冬至・夏至、日食・月食を観測し、惑星の観測も行っていたのです。

この頃の天文方には、それまでの観測記録や実測データが豊富に蓄積されており、日常業務に平面三角法、三角関数、対数などの西洋数学が既に常用されるなど、天文観測のレベルは非常に高かったのです。

江戸期社会を非合理な排外主義に支配された「鎖国」社会であったと教え込んでいる教育者

は、このような幕府天文方の実態をどう説明するのでしょうか。

文化八（1811）年には、洋書、公文書の翻訳（蕃書和解《わげ》御用）が業務に加えられており、友五郎が長崎の海軍伝習所に派遣されている間に、これが分離・独立して「蕃書調所」となりました。

つまり、幕府天文方という役所は、科学技術情報センター、海外情報センターともいうべき機能をもっていたわけで、「徳川近代」を支えた有力な専門機関であったのです。

なお、正確な日本地図を作成した伊能忠敬の測量事業は、当初天文方の準公務としてスタートしましたが、後に正式な公務、即ち「測量御用」の一部として行われたものです。

余談、ともいえないのですが、江戸期日本では、地図の測量も航海術もひっくるめて「測量」と呼んでいたことを知っておく必要があります。

というのも、伊能忠敬が使った技法、地方算法に含まれる「導線法」と「交会法」とは、そのまま航海術に当てはまるものなのです。私には専門的な解説は全くできませんが、導線法は「推測航法」に当たり、交会法はそのまま「交叉方位法」となるのです。

伊能忠敬の地図は、緯度差の誤差が今日の値と僅か0・88パーセントしか違わないという精度の高いものでした。これは伊能個人のみの能力に依るもののように語られますが、そうではありません。勿論、伊能の能力は高く、その労力も大変なものでしたが、もし、友五郎がその任に当たっていたとすれば、全く同じ精度のものを創り上げていたでしょう。いや、友五郎でなく他の「測量方」の者であったとしても、結果は同じであったはずです。「徳川近代」の科学技術庁ともいうべき幕府天文方とは、そういう〝驚異的な〟レベルにあったということなのです。

その幕府天文方が、笠間藩の「徒士並」という考えられないような低い身分の下級藩士小野友五郎に出仕を求めたのには別の目的があり、友五郎にやって欲しい仕事があったからなのです。

常陸笠間藩（譜代・八万石）は、河井継之助で知られる越後長岡藩の支藩でした。幕府が、越後長岡藩牧野家の支藩の下級藩士を召出すとは、時の阿部正弘政権の人材登用策が如何に真剣で、広範囲なものであったかを示す、一つの事例といえるでしょう。

幕府天文方が友五郎を必要とし、彼に期待した仕事は、当時の航海術の国際的な基盤ともいうべきスワルトの航海術書『Handleding voor de praktische zeevaartkunde』を解読することでした。解読とは、単なる翻訳ではありません。何せ世界的に用いられたスワルトのこの手引書は、大洋における推測航法、天文航法と、その理解に必要な数学、天文学、経緯度算出、時刻算出などを網羅して解説した専門書なのです。

天文方では、友五郎と足立信行、そして、手付の高柳兵助が中心となってこの解読作業を行いました。このチームは、解読した結果を『渡海新編』という数十巻から成る書にまとめて、万延元（１８６０）年五月、幕府に献本しています。友五郎はこの功により、賞賜《しょうし》として白銀七枚を授与されています。

『渡海新編』の完成が万延元年まで延びたのは、友五郎と高柳が長崎海軍伝習所へ派遣されたからです。阿部正弘の発令は、安政二（１８５５）年八月十日でした。

長崎海軍伝習所でも、友五郎は群を抜いていました。ひと言でいえば〝基礎編〟はそこそこにして、彼はここで実践力＝実技を習得したのです。

伝習所では、オランダ海軍で採用されていたピラールの教科書が使われました。つまり、伝習生は、数学を始めとする理論から経緯度決定の手法、子午線の測定法、クロノメーター、コンパス、セキスタント（六分儀）の使い方などの実践に至るまでを叩き込まれたのです。

六分儀そのものは、既に天文方は保有していましたが、それを実際に使う機会はなかったのです。しかし、保有していただけでも、大したものであるというべきでしょう。友五郎は、伝習所でこれを使った艦上での天体の高度測定技術を習得したのです。

ピラールの教科書でこれらを習得することは、初学者には至難なことでした。その上、教官は、第一期生についてはオランダ海軍のペルス・レイケン以下の士官たちであり、講義はオランダ語です。十四名の通詞も伝習生も必死であったと伝わります。

ところが、友五郎は和算の専門家であり、既にスワルトを解読していることもあって、他の伝習生とは素地が全く違っており、実技をスムーズに習得できました。彼は、伝習所取締・永井尚志の命を受けて、授業についてこられない伝習生を夜、宿所に集めて補修を行っていたのです。

海軍伝習所での伝習は、一期から三期まで行われましたが、幕臣伝習生は第一期が39名、第二期11名、第三期26名でした。この他に幕府は諸藩から百数十名の聴講生を受け入れています。

友五郎と同期の一期生には、矢田堀景蔵、勝麟太郎、佐々倉桐太郎、高柳兵助、福岡金吾、浜口興右衛門、鈴木儀右衛門、近藤熊吉などがいました。二期生には、榎本釜次郎（武揚《たけあき》）、松岡磐吉、肥田浜五郎、伴鉄太郎などが、三期生には、赤松大三郎、田辺太一《やすかず》、根津欽次郎らがいたのです。

なお、同期の勝麟太郎は、この安政二年七月に非役の小普請組から小十人組（百俵高十人扶持）に昇進して役入りしたばかりでした。小十人組というのは若干ややこしい身分で、元々将軍の身辺警護が任であったところから「お目見得」以上ではありますが、扶持は御家人のそれであったのです。分かり易くいえば、最下位の旗本といったところでしょう。

これは、勝に伝習を受けさせ、今後この方面で働いてもらうには小普請組では不可能なので、それを可能にするための幕府の配慮であったのです。

また、友五郎の伝習所派遣に伴い、笠間藩では彼を「給人席」という上士の末席身分とし、三十俵十人扶持というささやかな昇進・昇格を行っています。

勝麟太郎は、矢田堀景蔵と共に第一期の学生長に任命されましたが、これは江川英龍《ひでたつ》の推挙によるものとされています。お調子者の勝には、学生長という任はうってつけであったといえるでしょう。

咸臨丸で初めて小野友五郎を知り、彼が月距を計算していることに驚愕したブルック大尉は、このような友五郎の経歴を知らなかったのです。スワルトを解読し、伝習を終えて自力で「観光丸」を操船して江戸へ引き揚げ、軍艦操練所の教授に就任した、陪臣ながら幕府天文方のテクノクラート（高級技術官僚）であったことを知っていれば、さほど驚かなかったに違いありません。

付言しておきますと、友五郎が幕臣に登用されたのは、文久元（１８６１）年七月のことです。

咸臨丸での航海中、友五郎とブルックは、〝天測競争〟を行っていました。毎日正午の経緯度を測定し、それぞれがその結果を発表するのです。

勝負は殆ど互角であったと、赤松大三郎が証言していますが（『赤松則良半生談』）、ある時、両者の計算に大きな差が出たことがあり、それがブルックの誤算の結果であることが判明した時、日本側は大いに得意になったといいます。両者は、和やかに互いの技量を競い合っていたのです。

友五郎は後にアメリカへ再航し、ブルックと再会、ブルックは友五郎の任務に協力しており、二人の交流は生涯続いたのです。

このような傑物・小野友五郎は、咸臨丸の航海を成功させただけの人物ではありませんでした。

江戸湾防衛計画の策定と推進、国産軍艦の設計、小笠原領有のための測量探査と海図作成、幕府の軍制改革と海軍拡充、アメリカからの軍艦買付、長州征伐における兵站《へいたん》業務、「鳥羽伏見の戦い」の後始末、鉄道敷設における幹線ルートの決定、製塩技術の開発——これらはすべて友五郎の業績です。つまり、彼の技術官僚としての並外れた知識と実践力は、徳川近代を成立せしめたに留まらず、後の明治近代の施策をも支えたのです。今日の新幹線ルートも、彼の構想した幹線鉄道ルート網があってこそ成立しているものなのです。

咸臨丸といえば勝海舟という、全く根拠のない歴史物語が今日も幅を利かせていますが、長崎海軍伝習所第一期生の中で僅か四名しかいない留年生の一人であった勝に、咸臨丸の操船や航海指揮は無理であったのです。これは技量を考えれば仕方のないことで、私は勝を貶《おとし》めているわけではありません。彼は、咸臨丸乗船前にインフルエンザに罹患《りかん》していたともされていますが、そうであってもなくても、〝船酔い〟を理由に船室に閉じこもっているしかなかったのです。

広く「ホラ吹き勝」といわれた勝海舟は、多くの「ホラ」を残し、明治近代の政治家や学者たちがこれをそのまま歴史にしてしまいました。その過程で、実に華々しく麗しい誤解も生まれ、司馬遼太郎氏の勝を過大評価する誤認もその一つであるといえるでしょう。

司馬氏が、無条件に勝を礼賛し、誤認に基づくものとしかいえない勝の業績評価を事あるごとに強調したことが、勝をして令和の今日まで幕末の英雄と位置づけてしまったことは間違いのないところです。

私が、勝の咸臨丸物語の虚構を今更ながら史実に即して指摘するのは、この物語の存在によって本来評価されるべき小野友五郎という人物の存在が抹殺されてしまったからです。

小野友五郎なくして幕府海軍の拡充も国産軍艦の建造も、小笠原の領有も、明治新政府による鉄道敷設もあり得なかったのです。

残念なことは、勝海舟が友五郎に対して政治的な報復を加えたこととです。麗しい「勝海舟の咸臨丸物語」は、小野友五郎に代表される徳川近代の科学技術レベルの高さを知る機会を抹殺したという一点において、否定されるべきものなのです。

第三章　戦争でも内乱でもない「戊辰戦争」

1　勤皇志士による残虐テロ

それにしても、明治という西欧の模造品を目指したような国家は、必要な社会構成要素の殆どを江戸期、特に「徳川近代」の遺産に頼りました。明治維新至上主義者で知られる司馬遼太郎氏でさえ、明治という時代が江戸の遺産で成り立っていたことを、幾つもの書き物で、また講演で明言しています。そして、徳川近代を代表する英傑と評してもいい幕臣小栗上野介忠順《ただまさ》を「明治の父」とまで称しています。

このことに関連して余談を付け加えれば、明治三十八（1905）年五月、日本海海戦でロシア・バルチック艦隊を文字通り殲滅《せんめつ》した聯合《れんごう》艦隊司令長官東郷平八郎（薩摩）は、戦後、小栗上野介の遺族を私邸に招き、謝意を伝えています。いうまでもなく、小栗が横須賀に建造した造船所がなければ日本海海戦の勝利はなかったという意味の謝意です。これは、幕末の動乱から三十年以上経っていたからこそあり得た逸話でしょうが、薩長討幕勢力が特に怖れた小栗と国際化を目指していた徳川近代の先見性を謀《はか》らずも示すことになりました。

横須賀造船所の事例だけを以て徳川近代の近代性を述べるのは適切ではなく、株式法人組織の導入、廃藩置県（郡県制）構想、鉄道網整備構想、海軍の創設、国民軍の創設、郵便制度の創設等々、徳川近代を支えた幕臣官僚たちの描いた青写真や既にスタートを切っていた事業は、そのまま徳川政権から明治新政府への〝置き土産〟となったのです。

このことについて、私たちは実に単純明快な歴史教育を受け、今もなおその教育内容は明治新政府が成立した百五十余年前に設定された教育路線から全く外れていないのです。今、それは「官軍教育」と呼ばれ、「薩長史観」とも呼ばれるその歴史観については、ようやくごく一部に見直しの機運が高まってきています。しかし、一世紀半にも亘《わた》って公教育で教え込まれたことは簡単には否定されないものです。

唯一最大といってもいいそのポイントは、「薩摩・長州を中心とした下級武士たちの手による革命的な、封建的徳川体制の打倒によって、我が国は西欧列強による植民地化を防ぎ、近代国家建設の幕を開けた」という点でしょう。つまり、徳川近代の国際化、近代化構想や施策の主語を自分たちに置き換えているだけなのです。

討幕勢力が欧米列強の植民地化を防ぎ、近代日本のすべては明治に幕を開けたとするこの後付け史観は、「日本の夜明け史観」ともいわれています。このポイントのほぼすべてが史実からは全くかけ離れていることは、ここまでに述べてきた通りです。

前述した通り、私自身が、薩摩長州政権の書いた歴史、即ち官軍教育を叩き込まれて育った世代です。それは学校での教えだけにとどまらず、遊びやエンターテインメントの世界もが官軍教育の精神で貫かれていました。

映画『鞍馬天狗』シリーズなどは、その典型といえるでしょう。

長州藩士桂小五郎を代表とする勤皇の志士を助ける鞍馬天狗は、白馬に跨《またが》る正義の士であって、新撰組は悪逆非道な人殺し集団でした。幼い頃のチャンバラ遊びでは新撰組局長近藤勇役になる者がおらず、それを決めるのにいつも苦労した想い出があります。この次に桂小五郎をやらせてあげるから、などといってガキ大将の特権で決めざるを得なかったものです。薩長史観＝日本の夜明け史観が通俗的に、「鞍馬天狗史観」ともいわれる所以《ゆえん》です。

では、今の若い世代はどうかといえば、そもそも我が国の歴史に興味をもつ若者など殆どいないのが実情ですが、彼らが受けている歴史教育の面でみれば、これが全く変わっていないのです。

今現在、高校で使われている歴史教科書を読んでみましたが（山川出版社、東京書籍、実教出版、明成社）、幕末維新史といわれる部分の軸になっている教えは、半世紀以上昔にそれを習った私の世代のそれと殆ど変わっていませんでした。つまり、老若男女を問わず私たち日本人は、この百五十年以上の間、官軍教育以外の歴史を教えられたことがないのです。

読者諸兄に失礼なほどあまりにも初歩的なことですが、「明治維新」という名の事件なり、事変というものは我が国の歴史上どこにも存在しません。今更ながら、この初歩的な一点を明確に意識しなければ、幕末動乱の史実というものはいつまで経ってもその実相が浮かび上がらないでしょう。

明治維新というものが特定の事件でも事変でもないとすれば、年号を暗記することが歴史の勉強だと思っている学生諸君には申し訳ないことですが、明治維新と呼んでいるムーブメントに時間の幅があるのは当然でしょう。最大の問題点は、この明治維新が欧米列強による日本の植民地化を防ぎ、明治維新があってこそ日本は近代化への道を歩むことができたとされてきた点です。

薩摩・長州藩士を中心とする「尊皇攘夷」派の「勤皇志士」たちが、幕府や「佐幕派」勢力の「弾圧」にも屈せず、「戊辰《ぼしん》戦争」で見事に勝利して討幕を成し遂げ、ようやく日本は「近代」の扉を開き、今日の繁栄がある……。

誠に美しい歴史叙述ですが、以上のほぼ全てを否定しない限り、正しい歴史認識は生まれません。この場合の否定とは、史実ではないという意味です。

陋習《ろうしゅう》な社会を支配してきた封建的な江戸幕府を倒し、近代日本の幕開けである「維新」を成し遂げた功労者――長州の吉田松陰、桂小五郎（木戸孝允《たかよし》）、高杉晋作、山縣有朋《やまがたありとも》、伊藤博文、井上馨《かおる》、薩摩の西郷隆盛、大久保利通、土佐の坂本龍馬、板垣退助、後藤象二郎、肥前の大隈《おおくま》重信《しげのぶ》、江藤新平たち。彼らこそが「勤皇志士」を代表する「維新のヒーロー」とされてきた人物です。

そして、歴史の検証を偏りなく行おうとする時、彼らこそが真っ先にその対象であることから逃れることはできないのです。

結論だけを述べれば、彼らの殆どは現代流にいえば暗殺者集団、つまりテロリストたちでした。

我が国の初代内閣総理大臣は、この暗殺者集団の一人であり、自らもテロ行為に手を染めていることを知っておくべきでしょう。

こういう指摘をすると、直ぐまた稚拙な国粋主義者から「反日主義者」などというヒステリックな反撥を受けるのですが、感情的な政治感覚でレッテルを貼るという行為には全く生産的な意味はありません。

また、維新の精神的支柱とまでいわれてきた吉田松陰が、事あるごとにどれほど暗殺を主張したか、それ故に当の長州藩が如何にこの男に手を焼いたか、はたまたどういう対外侵略思想をもっていたか、もうそろそろ実像を知っておくべきでしょう。

もし、己の政治信条や政治的欲求を実現するためにはテロもやむなしという立場を肯定するならば、彼らを内輪だけで志士と呼んで英雄視するのは勝手です。しかし、一つの社会、国家の歴史として彼らを英雄視することはできず、私は、テロリズムは断固容認しません。

私は、テロを容認しないことが当時も今も正義の基礎であると信じています。従って、彼らを志士と評価することなどあり得ようはずがなく、テロリストはどこまでもテロリストに過ぎないのです。

かなり残虐で陰鬱《いんうつ》な史実ですが、彼らが主導していたと考えられるテロ行為の一部（文久年間のみ）を、敢えて列挙しておきましょう。但し、これらは彼らの行ったテロ行為のほんの一部に過ぎないことを、強くお断りしておきます。

・桜田門外で水戸脱藩のテロリストと薩摩藩士に暗殺された大老井伊直弼《なおすけ》の彦根藩ゆかりの者の暗殺（長野主膳の家族など）
・同じく彦根藩ゆかりの村山可寿江の生き晒し（女にも容赦しなかった）
・京都町奉行所与力やその配下の暗殺
・幕府に協力的とみた商人への略奪、放火、無差別殺人
・佐幕派とみた公家の家臣たちの暗殺（多数。これらは公家に対する脅し）
・学者の暗殺（儒学者池内大学など）
・その他、仲間内でハクをつけるための無差別殺人

これらのテロを行ったテロリストには、薩摩藩士や土佐藩士、土佐の郷士崩れなども含まれ

ていますが、圧倒的中心が長州のテロリストでした。

彼らのやり口は非常に凄惨《せいさん》で、首と胴体、手首などをバラバラにし、それぞれ別々に公家の屋敷に届けたり、門前に掲げたり、上洛していた一橋慶喜（後の将軍・徳川慶喜）が宿泊する東本願寺の門前に捨てたり、投げ入れたりしたのです。

儒学者池内大学の場合は、大坂に立ち寄った山内容堂（土佐）に招かれ、深夜まで語らい、駕籠《かご》で帰ったところを自邸前で待ち伏せていたテロリストに斬殺されました。

池内大学は、もともと長州人と同じ攘夷派であって大老井伊直弼が懸念をもっていた人物ですが、この暗殺は、俗にいう「安政の大獄」で処分されなかったことを井伊直弼と通じていたと誤解されたものとされています。

この時の暗殺者は「人切り以蔵《いぞう》」と称された土佐の岡田以蔵だとする説がありますが、手口からみて私は疑問をもっています。単に斬殺するにとどまらず、その首が難波橋に晒されたのです。更に、耳を切り取り、当時「伝奏《てんそう》」を務めていた正親町三条実愛《おうぎまちさんじょうさねなる》、権大納言中山忠能《ただやす》の邸に、辞職を求める脅迫文を付けて投げ入れたのです。

この上級公家二人は、後に岩倉具視《ともみ》たちと組んで討幕の勅許を偽造したことで知られています。とすれば、テロリストの脅しは効果を上げたとみられるのです。

なお、この暗殺は勿論、彼らの行った暗殺の詳細や動機等については異説も存在することを付言しておきます。

町奉行所出入り・賀川肇《はじめ》の場合は、テロリストの集団に押し入られ惨殺されました。そして、暗殺者集団は、賀川の腕を切って、やはり公家の邸に投げ入れ、首は将軍後見職一橋慶喜の宿所に、攘夷期日を早く決めよという脅迫文と共に投げ入れられたのです。この頃のテロは、集団で一人を、或いは少数を凄惨な手口で殺すというやり方が殆どです。

また、町奉行所与力配下の目明しの肛門から竹を突き通し、脳まで貫いて絶命させた上で、そのままの姿で市中に晒したりもしました。

これらの暗殺はほんの一部ですが、その凄惨さを、ほんの一瞬でも想像していただきたいと思います。

仲間内でハクをつけるための無差別殺人というのは、まるでヤクザの世界の話のようですが、長州テロリストが行った多くの暗殺は、その残虐さにおいて後世のヤクザの比ではないということなのです。

彼らは、これらの行為を「天誅《てんちゅう》」と称していました。天の裁きだというのです。この言葉、思い上がった考え方は、もともと水戸学の思想に由来するものです。自分たちが天に代わってそれを行うのだというのですから、もはや狂気と断じるしかありません。

桂小五郎も吉田松陰も高杉晋作も、土佐藩の武市半平太、熊本藩の宮部鼎蔵《ていぞう》も、水戸藩の金子勇次郎も、皆こういうテロ集団を主導したメンバーでした。中でも吉田松陰は、その扇動者であり、その義弟となる久坂玄瑞《くさかげんずい》は、超過激テロリストとしか表現の仕様がない過激な存在であったのです。

もはやこれまでの京都所司代だけでは手のつけようがない京都の治安。そこで新しく設けられた京都守護職を押しつけられた会津藩主松平容保《かたもり》は、こういう時期に京に入ったのです。日米和親条約が締結されたのは、嘉永七（1854）年、日米修好通商条約の締結は安政五（1858）年でした。そして、京都守護職として会津藩本隊が京に入ったのは、文久二（1862）年です。

文久に入って意図して激しいテロ行為を繰り広げた長州テロリストは、口を開けば「攘夷！」「攘夷‼」と喚きましたが、条約締結から既に十年近く経っており、彼らのいう外国人排斥が如何に現実離れした暴論であるかを認識しておく必要があります。恐らく、テロの主導メンバーもそれは分かっていたはずです。それだけに、彼らのテロ行為はなお悪質であるといわざるを得ないのです。

テロリストの多くは、会津藩の「会津」を正しく「あいづ」と読めなかったといいます。天下の親藩の名さえも読めず、それがどこにあるかも分からない者が多くいたのです。酷な表現をしますが、彼らは、そういう知的レベルの集団でした。つまり、正真の武家集団ではなかったのです。そういう輩《やから》が、わけも分からず「攘夷」を叫び、自らを正義の「志士」と自称し、「天誅」と称して殺戮《さつりく》の限りを尽くしたのです。

私どもの受けた官軍教育では、高杉の「奇兵隊」のことを、「戦闘行為を武士の専権ではなくした画期的な戦闘部隊」と評価し、日本が「近代」に入った象徴として美しく扱われました。今の学校教育でも同じでしょう。

「戦闘行為を武士の専権ではなくした画期的な戦闘部隊」として挙げるとすれば、それは小栗上野介が主導して創った「幕府歩兵組」及び「伝習隊」です。これを否定する学者は流石《さすが》にいないと思いますが、学校教科書では「歩兵組」も「伝習隊」も全く無視されています。

奇兵隊のことも歪曲されたこと甚だしく、実態は「ならず者」集団に近かったのです。百姓は勿論含まれてはいましたが、犯罪者、元犯罪者など、要は「宗門人別改帳《しゅうもんにんべつあらためちょう》」から外された暴れ者（戸籍のないヤクザのようなもの）が多かったのです。

隊内では武士階級以上に身分格差が激しく、その身分によって服装が違っていました。例えば、会津武家の身分の違いは、通常羽織の紐だけで表わされますが、奇兵隊では服装そのものを別にしたのです。

奇兵隊には、入隊しても犯罪を犯す者が多発し、高杉は、

「盗みを為す者は殺す」

という触れを出しています。武家相手なら、こういう触れが必要になることは断じてありませんし、また行いません。こういう命令を出さざるを得なかった集団が奇兵隊であり、現代流にいえば、よくいって「ゲリラ部隊」であったのです。こういう集団が後に「官軍」を名乗ったのです。

こういう実態を挙げれば、洛中を恐怖に陥れたテロリストたちと長州奇兵隊が同類であったことが理解できるでしょう。そして、山縣有朋が会津戦争に向けて率いていた長州第一軍の主力が、奇兵隊でした。後の会津戦争において、会津城下で繰り広げられた戦争犯罪ともいうべき蛮行はあまりにも有名ですが、それが奇兵隊であったとすれば、さもありなんという感がするのです。

ずいぶんと厳しい表現を使いましたが、残念ながらこれが京都におけるテロ行為などの、史実としての実態であったのです。

彼らは、自らを「勤皇志士」と自称しました。自称するにしても「志士」とはよくいったものです。

本来「志士」とは、「国家、社会のために献身する高い志をもった人」のことをいいます。『論語』に曰く、

「志士仁人は生を求めて以て仁を害するなし」

即ち、志士とか仁者と呼ばれる（資格のある）人は、自分の生存のために人の道に背くようなことはしない、という意味です。

長州の桂小五郎たちは、京において、略奪、放火、暗殺というテロ行為を意識して積極的に展開しました。徳川から政権を奪うという単なる一藩有志の政治目的のために、それを行ったのです。そういう彼らを「志士」と呼ぶことは、如何な詭弁《きべん》を弄しても無理でしょう。

京に集結した長州人の殆どが歴とした武家であったなら、あのような酷いテロは起きなかったはずです。

加えていえば、〝若造〟としか呼びようがない彼らの若さを無視することもできません。会津藩兵千名弱が京に入った文久二年という、「攘夷」という名の、述べてきたようなテロが燃え盛った年、彼らは何歳であったか。今風に満年齢を計算すると、

桂小五郎　二十九歳
高杉晋作　二十三歳
久坂玄瑞　二十二歳
吉田稔麿《としまろ》　二十一歳

です。

如何に時代が違うとはいえ、彼らの未熟さを洞察することは容易でしょう。未熟とは若さの特権であるといえますが、同時に若さは、いつの時代においても残虐性を秘めていることを忘れてはなりません。

我が国の歴史、特に幕末史、維新史を考える時、文久二年という年は強く意識されなければならないのです。既に前年から京におけるテロは激しくなりつつありましたが、文久二年から更に過激になり、この時会津藩が京都守護職として、秋月悌次郎《ていじろう》（この年、満三十八歳）以下の先遣隊に続き、年末に本隊が上洛、東山金戒《こんかい》光明寺（通称黒谷さん）に本陣を置いたのです。ここから、約六年に亘る会津藩の、滅亡を覚悟した防衛戦が繰り広げられることになったのです。この時、若き藩主松平容保は、満二十六歳でした。

文久二年をピークに京都で吹き荒れた暗殺を中心としたテロリズム。それが、この実行勢力が公家を操ることによって朝廷権威を利用する形で、「王政復古」という政治スローガンと共に武家社会に「同調メンタリティ」を発生させつつ拡大していったのです。

2 「王政復古」失敗！ 討幕成らず

残虐なテロを手段として特に長州が朝廷権威を利用する形で、討幕の動きは益々加速していきます。

ここで注意すべきことは、既に朝廷には利用するに足る権威が存在していたということです。二百年前、即ち、幕府草創期には朝廷の権威といっても幕末のような利用する価値のある権威など存在しなかったのです。その頃公家を脅したとしても討幕が有利に運べるなどということは全くあり得なかったのです。テロを手段にするとすれば、幕府を直接のターゲットとするしかなかったはずです。

同じ江戸期といっても、幕府草創期と幕末では朝廷の力、つまり、「天皇の権威」には大きな違いが生まれており、それが一定程度定着していたのです。

このことをしっかり理解しないと、長州のテロの実態も「戊辰戦争」そのものの実相も正しく理解することはできません。

このことについては、別途詳しく整理することにします。まずは、激しくなった討幕の動きを追いかけてみておきましょう。

明治維新というクーデターのポイントは、突き詰めれば、「大政奉還」と「王政復古の大号令」にあります。この重要な大きな出来事にも官軍教育の明白な虚偽が露骨に盛り込まれています。

テロを主な手段とした長州を中心とした討幕の動きは、天皇の長州への拉致を企てるまでに過激化していきましたが、これは「新撰組」の必死の防戦によって未然に阻止されました（池田屋事変）。

さすがにここまでくると、もともと「復古」ということが嫌いな孝明天皇の怒りが表面化し、これを受けて薩摩・会津が長州追放の構えを見せ、長州は三条実美《さねとみ》ら長州派公家と共に京から逃れます。これが、いわゆる「八月十八日の政変」です。

しかし、長州藩は直ぐ組織的な京都侵攻軍を編成し、京に攻め上ってきたのです。これが「禁門の変」と呼ばれる、京を舞台とした武力衝突です。

もはや、単なるテロではありません。長州は「軍」と呼べる組織化された兵力で、何と天皇の住まいである御所を砲撃したのです。日頃、尊皇、勤皇を声高に叫んで残虐なテロを繰り広げていた長州藩士は、事もあろうに御所に大砲をぶっ放すという暴挙に走ったのです。

日本の歴史上、京都御所が砲撃されたのはこれが最初で、勿論最後のことでした。勤皇思想が狂気と呼ぶべき域にまで沸騰していたとみることもできます。

長州軍は、薩摩・会津を核とした幕府軍に敗れ、再び京を追われます。しかし、長州が「朝敵」となって京都を追われて後も、長州過激派の京都侵入が沈静化することはありませんでした。

その後、幕府が「長州征伐」に失敗し、薩摩藩が水面下で長州と手を組むという、大転換の事態が生まれるのです。そして、慶応二（１８６６）年十二月に孝明天皇が崩御されたことは、幕末動乱にそれ以上の影響を与えた可能性があるのです。

私たちは、「尊皇攘夷」や「勤皇」という言葉を長州・薩摩藩士のみの代名詞のように扱い、彼らのことを「尊攘派」（尊皇攘夷派）と呼んでいますが、これほど幕末期の政治・社会情勢を無視した話はありません。

多くの人が「勤皇」＝「尊皇攘夷」と解釈し、「勤皇」と「佐幕」を対立語として使っていますが、これもまた当時の実態から著しく乖離《かいり》しており、こういうレベルで幕末を語るから、史実とかけ離れた安直な歴史物語が生まれるといってもいい過ぎではないでしょう。

江戸という時代は、特に後期になると、諸学が盛んになり、学問的には多様な時代でしたが、幕末近くなるに従い国学諸派が力を得てきました。その国学の思想の中に、徳川幕府による全国統治は、朝廷即ち天皇が徳川将軍家に委任したものであるという考え方があり、これを大政委任論と呼びます。

律令制の時代から、征夷大将軍とは朝廷内の官名であり、多少その性格が変わったのは源頼朝からでしょう。

今でも将軍とは清和源氏の流れを汲んでいないとなれない、信長は平氏を名乗ったから将軍にはなれなかったなどというもっともらしい説がありますが、こういうことがいわれるのも将軍というものが朝廷から任命されるものという感覚の名残りが、庶民レベルにおいても消えなかったからだといえましょう。

私は、事あるごとに、天皇の住まい＝御所の佇まいのことに触れてきました。京都を代表する観光名所の一つとして直接目にした人も多いことでしょう。それは、永い歴史をもつ民族の最高貴種の住まいなのです。

それにしては、その塀の低さはどうしたことかと気づいた人もまた多いことでしょう。あまりにも無防備です。こういう例は、恐らく我が国以外にはないでしょう。

天皇権威が衰退していた時代においても、都の庶民にとって、天子様とは文字通り「お天道様」のような崇高な存在ではあるのですが、決して〝権力者〟ではなかったのです。自分たちが神仏の加護を得て平穏に生きていられるのも、神々との架け橋でおられる天子様がそこにおられてこその話なのです。

この国の、少なくとも京の民にとってもともと天皇とは、そういう存在でした。これを侵す者がどこにいるでしょうか。従って、高い塀も、城壁のような防御施設も御所には要らないのです。

まず、民にとって天子＝天皇とはどういう存在であったか、この点の認識を間違うと、動乱の時代の解釈も間違うことになるのです。

ところが、皮肉なことに、江戸期の諸学の隆盛が、結果的に狂気の勤皇思想家ともいうべき竹内式部が唱えるような異常に極端な尊皇論を生みました。竹内式部については、後節で詳しく解説します。

この学問的盛り上がりは、同時に「佐幕」という概念と言葉も創りました。幕末近くになると、諸大名から幕臣に至るまで、即ち、武家の間に尊皇意識は深く浸透しており、幕末動乱期には「尊皇佐幕」という立場が武家としてはむしろ一般的であったといえるのです。このことは、非常に重要なことです。

「佐幕」とは「幕府を助ける」という意味ですが、幕府そのものも、更には徹底した「大政委任論者」であった時の天皇孝明天皇その人こそが「尊皇佐幕派」であったといえるのです。

尊皇攘夷を声高に叫ぶ長州・薩摩のテロリストたちを動かしていた桂小五郎（木戸孝允）や西郷吉之助（隆盛）、大久保一蔵（利通）たちには、その実において尊皇という意識が強烈にあったかといえば、それは全くなかったといっていいでしょう。

それは、討幕のための、そのためのテロ活動のための単なる大義名分に過ぎなかったのです。そのことは、彼らの幕末動乱期の活動、行動が明白に物語っています。

彼らは、尊皇という時代の気分を、更には天皇そのものを単に利用しただけに過ぎません。特に、彼らの朝廷、天皇の政治利用については、明治維新というものの実相を浮かび上がらせるためには、何はさておき詳《つまび》らかにしておかなければならないことなのです。

一方、徳川将軍家は勿論、諸大名、旗本・御家人という幕臣などは殆どが尊皇佐幕派といっていいでしょう。当時の読書人階級＝武家にとっては、当然の教養、知識であって、彼らが身に付けていた学問的素養に照らして尊皇という倫理観にも似た気分と佐幕という政治的立場は全く矛盾していなかったのです。

時の孝明天皇とは、長州人が口を開けば尊皇攘夷を喚いていた、まさにその時の「尊皇」に当たる人です。この天皇が、討幕を、また天皇親政を考えたことは微塵もありません。政治は幕府に委任しているし、そうあるべきものというのが、この天皇の一貫した考え方であったのです。

このことについての孝明天皇の言葉とされる見解を紹介しておきましょう。

――関東への委任、王政復古の両説これあり、これも暴論の輩、復古を深く申し張り、種々計略をめぐらし候えども、朕《ちん》においては好まず、初めより不承知と申しおり候――

さてそうなると、この天皇がおわす限り長州・薩摩は武力討幕ができなくなるのです。討幕という目的の最大の障壁が、孝明天皇その人であったのです。

ここに、我が国テロ史上でも、もっとも恐ろしい暗殺が発生する論理的可能性が生まれることになるのです。

重要なことですが、孝明天皇が崩御されたということは、薩摩・長州にとっては「討幕の最大の障害」が消滅したことを意味するのです。

本節冒頭で「孝明天皇が崩御されたことは、幕末動乱にそれ以上の影響を与えた可能性がある」と述べたのは、こういうことなのです。

慶喜が第十五代将軍となったのが、慶応二（1866）年十二月五日、その二十日後の十二月二十五日に孝明天皇が崩御、明治天皇践祚《せんそ》が明けて直ぐの慶応三年正月九日のことでした。ここから幕府権威は、更に急速に衰退していったのです。

慶応三（1867）年九月、土佐藩が老中板倉勝静《かつきよ》に対して大政奉還の建白書を提出します。これは、形はあくまで土佐藩独自の建白書ですが、実は徳川慶喜が土佐藩に出させたものとされています。

慶喜はこれを受けて京都二条城に諸藩を召集（約四十藩が参加）、大政奉還について諮問します。諮問といっても、これは形式手続きに過ぎません。慶喜は即、明治天皇に対して上奏文を提出、その翌日、天皇は参内した慶喜に対して「大政奉還勅許」の「沙汰書」を授けられて、これで大政奉還が成立しました。土佐藩が建白書を提出してから、僅か十二日後のことでした。

このように表現してしまうと、日本史を揺るがせた大激変が、実にシンプルでスピーディに成就《じょうじゅ》したかにみえますが、これは表面だけのことで舞台裏は壮絶であったのです。

慶喜がこれほどまでにスピーディに事を運んだのは、そうせざるを得なかった深刻な理由があったからです。

この慶応三年十月時点では、朝廷内の討幕派公家は少数派であったことを、先ず基本環境として理解しておく必要があります。三条家という長州に庇護されていた過激派公家は四年前の文久三（1863）年の「八月十八日の政変」で追放されており、岩倉具視を中心とする少数の討幕派公家はいずれも下級公家でした。八十年ぶりの摂政に就任していた二条家や賀陽宮家《かやのみや》という親徳川派の上級公家が朝廷の主導権を握っていたのです。

そこで、岩倉具視や薩摩の大久保一蔵たちはどうしたか。なんと偽の勅許（偽の密勅）を作ったのです。偽の「討幕の密勅」です。

これは、天皇、摂政の署名もなければ花押もないという〝天晴《あっぱ》れな〟偽物です。『別冊宝島2368』（宝島社・原田監修）に、この偽造された天皇の密勅の写真を掲載しておきましたので、一度見てください。日本史に例をみない犯罪の証拠物件です。岩倉や大久保たち討幕派にとって、天皇という存在が如何に軽いものであったかを示すものです。

ところが、慶喜サイドではこれを「密勅が下る」と認識しました。教養人慶喜は、まさか大久保たちが勅許の偽物を作るなどとは考えもしません。

慶喜は、密勅とはいえ勅許が下ることは、幕府としては避けなければならないと考えたのです。そこで、先手を打って大政奉還に出たのです。これによって「討幕」の大義名分を消滅させたのです。政権を返上した者を討つということが、論理的にできないことは説明するまでもありません。

大政奉還を行っても、所詮朝廷に政権運営能力はありません。つまり、幕府に代わって六十余州を統治する能力はないのです。慶喜がそう読んだことは明らかです。形式、体制はどうあれ、大政奉還後も実権は依然として徳川が握ることになるという〝政局判断〟であり、事実この判断、読みは間違っていなかったのです。朝廷には、政権担当能力は勿論、その体制そのものが存在しなかったのです。

案の定、大政奉還から僅か一週間後、朝廷は、外交については引き続き幕府が担当することを指示しています。列強との外交諸問題が緊迫していた時期です。外交など全く分からない朝廷としては、それ以外に為す術《すべ》がなかったのです。諸外国への新潟開港の延期通告事務は、結局幕臣官僚が行いました。

冷静にこの時期の我が国の置かれていた政治外交環境を思い返してみると、よく分かるはずです。

世にいう黒船の来航は嘉永六（１８５３）年のことでした。徳川慶喜が大政奉還という挙に出る十四年前のことになります。京が長州人を主としたあぶれ者たちによるテロによって血塗られたピークは文久二～三年頃ですが、それがちょうど十年前のことでした。

黒船来航以来十余年間というもの、幕府は、アメリカ合衆国、ロシア、大英帝国、フランス、プロシア等を相手にして、次々と和親条約、通商条約の締結を迫られ、独立と国益を守るべく必死の外交交渉を続けてきたのです。討幕の意思を秘めた薩摩と長州の過激派は、そういう幕府の足を引っ張るだけでよかったのです。

このことを考えますと、明治天皇の勅諚を偽造するという歴史的大罪が、国家に対して如何に無責任極まる大罪であったかが分かるでしょう。

ところが、よくしたもので、国家が危急の際には人材が現れるものです。勿論、それは阿部正弘政権、堀田正睦《まさよし》政権の功績でもあることは、既述した通りです。

私が「徳川近代」と呼んでいるこの時期、幕府を支えた実務官僚を指して「幕末の三傑」という言い方があります。岩瀬忠震《ただなり》、水野忠徳、小栗忠順のことをいいます。

私にはこれに若干異論があり、いうとしても「幕末の四傑」ではないかと思っています。川路聖謨《かわじとしあきら》が抜けているのです。中には、いや、井上清直を入れないのも片手落ちであり、「幕末の五傑」というべきだと主張する人がいるかも知れません。いや、それでは済まないでしょう。幕末外交に奮闘した優秀な幕臣官僚は、枚挙にいとまがないのです。

ハリスを全権とするアメリカ合衆国との間の日米修好通商条約に署名したのは、井上清直と岩瀬忠震でした。岩瀬は、その前にロシアとの間に日露和親条約を締結しています。水野忠徳は、その後の日露交渉で川路聖謨を補佐するとともに、日英修好通商条約、日仏修好通商条約に日本側全権委員として署名しています。

アメリカのあのハリスと英国の初代駐日外交代表オールコックが組んだ米英連合を相手に壮絶な通貨の交換比率交渉を展開し、鋭い知性でハリス、オールコックをたじたじとさせたのも水野忠徳でした。いずれも、現代の外務官僚と比べても、その見識の深さと東奔西走の行動力、外交モラルの高さには驚嘆すべきものがあり、外交特権を利用して卑しい私腹肥やしに汲々としていたハリスやオールコックと比べても水野の知性、倫理観、胆力というものは、彼らを遥かに上回っていたのです。

また、条約の批准手続きのための遣米使節団に井伊直弼に抜擢されて目付として加わった小栗上野介忠順の知性と品格に、「ヘラルド・トリビューン」を始めとするアメリカの現地紙が驚嘆の記事を掲載して敬意を表わしたことは、広く知られているところです。

こういう幕府の高度に訓練されたテクノクラートの存在は、彼ら自身の素地は勿論無視できませんが、幕府がそれなりに外交経験を積んできたことを示しているのです。

嘉永六年にペリー率いる黒船が来航して、その武力威圧に屈して幕府は遂に開国したというのが官軍教育に則って今も学校で教える日本史です。ところが、実際には幕府は天保十三（1842）年に「薪水給与令」を発令し、文政八（1825）年から施行されてきた「異国船打払令」を完全否定し、この時点で対外政策を百八十度転換していたのです。即ち、この時点で実質的に開国したと看做《みな》すこともできるわけで、薩摩・長州の事情で後に書かれた歴史物語とは二十年以上の開きがあるのです。

尤《もっと》も江戸期日本が〝鎖国〟をしていた、つまり、国を鎖《とざ》していたという「薩長政権が書いた歴史記述」そのものに誤りがあることは、既に述べた通りです。江戸期の対外政策、対外交渉については、当時の状況が正確に語られるということが、これまでは全くなかったのです。

一部繰り返しになりますが、例えば、寛政九（1797）年以降、長崎出島へアメリカの交易船が来航した回数は少なくとも十三回確認されています。ペリーの来航によって日本人が初めてアメリカ人と接触したかのような歴史叙述は歴史事実とは異なるのです。

更に、弘化二（1845）年には日本人漂流民を救助したアメリカ捕鯨船マンハッタン号が浦賀に入港し、浦賀奉行と対面しています。翌弘化三（１８４６）年には、アメリカ軍艦2艦が浦賀に来航し、通商を求めましたが、幕府はこれを拒否しています。これらは、よく知られた歴史事実であり、いずれも「黒船来航」以前の出来事です。

このような史実としての背景があって、徳川慶喜が朝廷の統治能力の無さを見透かし、大政奉還という手を打ったのは決して的外れではなく、現実的な打ち手であったといえるでしょう。

朝廷が、外交のみは引き続き幕府が担当することを命じた直後、慶喜は征夷大将軍の辞職を朝廷に願い出ました。平面的に捉えれば、大政奉還に伴う、大政奉還を確固とした形で仕上げる行動と受け取れますが、これは「あなた方には、やはりできないでしょ」という慶喜の朝廷に対する〝ダメ押し〟ではないかとも受け取れるのです。このまま終われば、いわゆる「公武合体」がこれまでより高度なレベルで成立しそうな情勢となったのです。

情勢の不利なことを悟った討幕派の岩倉具視や薩摩の大久保一蔵は、新たな画策をします。それが、クーデター計画です。

このクーデターは、まだ十六歳という明治天皇を手中に収めて、慶応三（１８６７）年暮れに決行されました。現代流の満年齢でいえば、十五歳になったばかりの幼い天皇を人質として決行されたのです。

十二月八日夜、岩倉具視が自邸に薩摩・土佐・広島・尾張・福井五藩の代表を集め、「王政復古」の断行を宣言し、五藩の協力を求めました。明けて十二月九日、朝議を終えた摂政以下の上級公家が退出したのを見計らって、薩摩を始めとする五藩の藩兵が御所九門を封鎖、公家衆の参内を阻止した上で岩倉具視が参内、明治天皇を臨席させ「王政復古の大号令」を発したのです。つまり、繰り返しますが、これは、幼い天皇を人質とした軍事クーデターであったのです。

大号令の内容は、

・徳川慶喜の将軍職辞職を勅許する
・京都守護職、京都所司代を廃止する
・江戸幕府を廃止する
・摂政関白を廃止する
・新たに、総裁、議定、参与の三職を設置する

というもので、「王政復古」とはいいながら、その実は二条家を筆頭とする上級公家の排除と、一部公家と薩長主導の政権奪取の宣言に他ならないのです。

ただ、これによって「公武合体」論などが孕《はら》んでいた、また徳川慶喜が企図していた「徳川主体の新政府」の芽は完全に抹殺されました。現実に、岩倉が参与に就任したこの三職は、半年を経ずして廃止されています。つまり、大号令五項の内、先の四項が主眼であったことがはっきりしているのです。

岩倉具視という下級公家は、朝廷内ではもともと過激派でしたが、この時期の薩摩藩大久保一蔵は異常に過激です。

私は、大久保という人物はどこか根強いコンプレックスを抱えているという印象をもっていますが、この時期の異様な高揚ぶりも、私にはその印象を裏付けるものとしか映らないのです。そして、薩摩藩そのものが、この時期、宮廷内を我が物顔で闊歩、朝廷権威を蹂躙《じゅうりん》している様《さま》は、やはり動乱の時代であったことを正直に表わすものといえましょう。

動乱の歴史に関わった人びとを観察する時、どれがその人物の「本性」か、これを見極めることができれば、その人物の関わった歴史の実相がみえ易いものです。歴史とは、表面的には人の行動記録に過ぎませんが、人をその行動に駆り立てた本性がどういうものであったか、歴史に通っているはずの血の温もりを感じるために、私はそれを洞察することに常に神経を尖らせている心算《つもり》です。

さて、幼い天皇を人質として利用した岩倉、大久保らのクーデターは成功したのでしょうか。結論からいえば、完璧に失敗に終わりました。

学校教育では、大政奉還が為され、「王政復古の大号令」が発せられて俗にいう「明治維新」が成立したという流れになっています。歴史のテストともなれば成功したとしないと具合が悪いでしょう。

しかし、現実にこのクーデターそのものは見事に失敗しているのです。ほんの一瞬、考えてみてください。もし、このクーデターが成功していれば、論理的にもこの後の戊辰戦争は起きていないはずです。失敗したからこそ、武力に訴える必要が生じたのです。学校教育は、まずこの点から教科書を書き直していかなければならないのです。

クーデターの直接行動から間を置かず、明治天皇の御前において最初の三職会議が開かれました。三職とは、クーデター計画によって設けられた総裁・議定・参与のことです。

内閣総理大臣に当たるといってもいい総裁には、有栖川宮が就任、岩倉具視は参与の一人となりました。自称のような「幕末の四賢侯」に数えられた前福井藩主松平慶永（春嶽《しゅんがく》）、前土佐藩主山内豊信（容堂）が議定に名を列ねています。但し、注意すべきことは、三職が設けられたとはいっても、そもそも政権交代がまだ全く成立していないということです。双方が政治的思惑を秘めて「声明」を発しただけのことです。従って、この時点でこの三職会議には何の正当性もないということです。

この会議は、慶応三（1867）年十二月九日に開かれましたが、この時世情は騒然、というより、事態はもっと緊迫していました。

京都にクーデター派諸藩が軍を入れ、力で押し切ろうという姿勢を露骨に示したのです。京都に軍を入れるということがどういう意思をどれほど強烈に示すものか、このことについては我が国の歴史に触れる場合は十二分な洞察力を働かせる必要があります。天皇の居所である御所そのものといってもいい京に向かって兵を動かすということは、どこそこへ何千の兵を派遣しました、というような普通の軍事行動とは全く意味が違うのです。

薩摩は、西郷吉之助が藩主島津茂久《もちひさ》と三千の兵を率いて入京。藩内少数派の西郷が藩主を「率いて」というのも妙な言い方ですが、それがこの時点の薩摩藩です。

朝敵長州は、クーデターで自ら勝手に朝敵処分を解除し、千名強の兵力を京に入れましたが、この中にはあの狂暴なことで知られる奇兵隊が含まれていたのです。

安芸《あき》広島藩は三百名。この藩のことは幕末史においてあまり語られませんが、芸州広島藩は、薩長と組んで軍事クーデターという手段で討幕行動を起こした三藩の一つです。

こうして、会議直前の十一月末には、およそ五千という兵力が京に集結し、会議に対して、また軍事クーデターに加わらない公武合体派に対して強い圧力をかけたのです。

現に、クーデター後の最初の〝閣議〟ともいうべきこの三職会議は、揉めに揉めました。

この会議は、御所内の小御所で開催されたところから「小御所会議」といわれます。十六歳の明治天皇と皇族・公卿以外の大名の出席者は、元尾張藩主徳川慶勝、前越前福井藩主松平慶永（春嶽）、前土佐藩主山内豊信（容堂）、薩摩藩主島津茂久、安芸広島藩世子浅野茂勲《もちこと》の五名です。象徴的なことは、薩摩藩士大久保一蔵、土佐藩士後藤象二郎、安芸広島藩士辻将曹《しょうそう》たちが敷居際に陪席を許されたことです。この時、西郷吉之助は外で警備を担当していました。

小御所会議が採めた図式の軸は、山内容堂と岩倉具視の対立です。山内容堂が「尊皇佐幕派」であることは、先に述べました。岩倉は、薩摩・長州の頭に立つ「討幕派」です。こういう立場、スタンスの違いだけでなく、実はこの時点で「岩倉が孝明天皇を毒殺した」という噂が広く流布されていたとされるのです。この噂は、この会議の出席者は皆知っていたはずです。

山内容堂は、徳川慶喜の出席を拒んだ会議であることを非難しました。同時に、今回の会議に至る事態を、幼い天皇を担いだ、権力を私しようとする陰謀であると断罪したのです。この指摘は事実であって、まさに核心を衝いていたのです。

この時、山内容堂は「幼沖《ようちゅう》なる天子〜」という表現をしたとされます。岩倉は、ここを捕えました。「幼沖なる天子とは何事か！」と反攻に出たのです。完璧な揚げ足取りです。揚げ足取りであっても何でも、反論、反攻しなければ、天皇暗殺の噂のこともあって自らの立場は危険なことになると感じていたのでしょう。更に、まだ何も〝閣議決定〟をしていない段階にも拘らず、「徳川慶喜が辞官納地を行って誠意をみせることが先決である」という、論理にもならない主張を繰り返したのです。

これまで大政を委任されてきた徳川幕府将軍に対して辞官納地という形を求めるならば、山内容堂が主張する通り、徳川慶喜を会議に参加させるのが筋でしょう。呼べばいいのです。核心を衝いた容堂の主張に、さすがに松平春嶽、浅野茂勲、徳川慶勝が同調し、山内容堂は、終始「徳川内府を～」と主張し、この会議は休憩に入りました。

ここで、いろいろな種類の〝本性〟が事態を動かすことになります。

大久保と共に陪席を許されていた薩摩藩の岩下左次右衛門が、この経緯を警備の西郷に伝えたらしいのです。その時、西郷が漏らしたひと言、「短刀一本あれば片が付く」。これが歴史を動かしました。

これを西郷独特の計算とする説もありますが、これは西郷の本音ではなかったでしょうか。彼は、単純な「武闘派」です。何かにつけて複雑な曲線を描いて思考する癖のある、陪席している大久保に対する苛立ちも含まれていたかも知れません。

このひと言が岩倉の耳に入ります。岩倉は、これを浅野茂勲に伝えます。岩倉の決意を知った広島藩は、これを辻将曹が土佐藩士後藤象二郎に伝え、後藤は主の山内容堂と松平春嶽に伝えたとされます。西郷の、いざとなれば玉座を血で汚してでも短刀一本でケリをつけろという、昭和の国粋主義勢力にまで繋がる問答無用の事の進め方を、岩倉は己の決心として直接山内容堂に伝えるのではなく、広島藩を通じて容堂を脅かしたことになります。このあたりは、岩倉らしい打ち手といえるでしょう。公家にしては過激な性格は岩倉の〝本性〟ですが、小技を駆使する狡猾さもまた、この曲のある公家の〝本性〟ではなかったでしょうか。

山内容堂が身の危険を感じた時点で、会議の趨勢が決したといえます。再開後の会議において、「徳川慶喜に辞官納地を求める」、即ち、官位と所領を没収することが、誰も反対せず決議されたのです。

山内容堂と松平春嶽は「幕末の四賢侯」などといわれていますが、ここまでが彼らの限界でした。薩摩武士の末端ともいうべき下級城下士であった西郷という男の、全ての論理や倫理を否定する〝本性〟の顕れたひと言が、国家の行く末を決する小御所会議の方向を左右してしまったのです。

この後、我が国の近代といわれている時代では、政局が行き詰まる度に反対派に対して「問答無用！」という暴力＝暗殺や武力恫喝が繰り返され、最終的に薩摩・長州政権は対米英戦争へと突入していったのです。

この小御所会議が開催されたのは、慶応三年暮れ、十二月九日の夜です。「徳川慶喜に辞官納地を求める」ことを決して、そのまま事が進めば、「王政復古」は成立します。即ち、後の言葉でいう「明治維新」が成立したことになります。

ところが、事は逆方向に動き出しました。

翌十日、徳川慶喜が、自らの新しい呼称を「上様」とすることを宣言します。これは呼称の問題ですから、理論的には大政を奉還したことと矛盾することにはなりません。しかし、言外に徳川政権の実質統治を継続しますよと宣言しているとも聞こえるのです。

徳川慶喜に「辞官納地」を求めたこの小御所会議の時、当の慶喜は幕府軍およそ一万と共に二条城にいました。一万という軍勢には、強兵で知られる会津兵約二千、桑名兵約一千が含まれています。薩摩・長州を中心とする討幕派の兵も五千が京に集結しており、山内容堂は、双方が偶発的に衝突する不測の事態を懸念し、朝廷と慶喜に対して「納地」の問題は諸大名会議を開催して幕府と諸大名の分担割合を決めるなどの提案を行い、双方これを受け容れ、慶喜は、会津藩主松平容保、桑名藩主松平定敬《さだあき》、老中板倉勝静らを伴い、十二月十二日、大坂へ下ったのです。

同時に、薩摩・長州及び広島藩の軍事クーデターという強硬手段に対する土佐藩を中心とする公武合体派の反撥がピークに達し、肥後藩や筑前藩、阿波藩が、三藩に対して御所からの軍勢の引き揚げを強硬に要求したのです。

これに応じるように、岩倉と三藩は、「徳川慶喜が辞官納地に応じれば、慶喜を議定に任命し、前内大臣としての待遇を保証する」との妥協提案をせざるを得なくなったのです。

ここで、慶喜は更なる反転攻勢に出ます。

十二月十六日、大坂城に米英仏蘭及びプロシア・イタリア六カ国の公使を召集し、内政不干渉と徳川幕府の外交権保持を承認させたのです。さすがに岩倉や薩摩・長州には、こういう外交はできません。

更に三日後、慶喜は、朝廷に対して「王政復古の大号令の撤回」を要求したのです。

朝廷は遂に、「徳川先祖の制度美事良法は其の侭被差置、御変更無之候間～」云々との告諭を出さざるを得ませんでした。つまり、徳川政権による大政委任の継続を承認したのです。いい換えれば、王政復古の断念となります。

この告諭では「王政復古の大号令」を取り消すとは明言していませんが、実質的に徳川慶喜の要求を呑んだことになります。即ち、徳川幕藩体制は、維持されることになったのです。

ここに、岩倉具視と薩摩・長州の偽造勅許による討幕、軍事クーデターによる討幕のオーソライズの策謀は敗北しました。「明治維新」は失敗に終わったのです。

小御所会議で決定したはずの「辞官納地」も、暮れも押し迫った十二月二十八日、慶喜が朝廷からの「辞官納地の諭書」に対する返書を出しますが、諭書の内容は、

・徳川慶喜の内大臣辞任（前内大臣として処遇する）を認める
・徳川慶喜が最高執権者として諸大名会議を主宰する
・諸大名会議で朝廷へ「献上する」費用の分担割合を取りまとめる

というものであり、「辞官納地」は完全に骨抜きにされたのです。

俗にいう「明治維新」の核となる出来事が「大政奉還」と「王政復古の大号令」であることは、学校教育でも一貫して常識でしたが、以上のような史実が存在する以上、学校教育は「この時点では明治維新は失敗した」と教えるべきではないでしょうか。少なくとも、「王政復古の大号令」が完璧に失敗、偽勅による幕府転覆の策謀が未遂に終わったことだけは、教育というものの良心に拠って立って明瞭に教えるべきことなのです。

3　使い捨てにされたテロ組織「赤報隊」の果たした役割

討幕の勅許を偽造したものの徳川慶喜に「大政奉還」という先手を打たれ、軍事クーデターを起こして「王政復古の大号令」を発したものの、再び慶喜の反撃に遭って岩倉具視と薩摩・長州の徳川幕府打倒計画は挫折しました。小御所会議が紛糾した時、西郷吉之助が漏らしたひと言、「短刀一本あれば片が付く」――結局、薩摩・長州は、武断派西郷のこのひと言を実行することになります。

但し、事が思い通りに進んでいない時は「短刀一本」では済まなくなるものです。何十本、何百本もの短刀＝軍事力で幕府を倒すという、いってみれば、天下の奪い合いの原点に戻ってしまうことになったのです。これが「戊辰戦争」と呼ばれている幕府対朝廷の一連の武力衝突です。

「一連の」といわなければならない通り、「戊辰戦争」という軍事衝突は多くの衝突の総称なのです。もう少し正確に述べますと、これは小規模とはいえ最終的に明治政府を成立させた、武力による旧幕府勢力の掃討戦の総称です。勃発した慶応四（1868）年＝明治元年の干支が戊辰《つちのえたつ》であったところから「戊辰戦争《ぼしん》」と呼ばれているのです。

では、どういう衝突の総称なのか。

具体的にいいますと、これまでの一般論ですが、鳥羽伏見の戦い、阿波沖戦争、甲州勝沼戦争、宇都宮戦争、箱根戦争、市川・船橋戦争、上野戦争、北越戦争、朝日山戦争、二本松戦争、会津戦争、秋田戦争、箱館戦争などが含まれます。

それぞれの戦《いくさ》で多くの血が流れたわけですが、これらすべてを合わせても「戊辰戦争」とは軍事的には内乱、内戦の域にも入らない小規模な衝突であったとされます。

具体的な数字を挙げておきましょう。

諸説ありますが、戊辰戦争の戦死者は七千人〜三万人とされています。司馬遼太郎氏は七千人説を採り、私も限りなく七千人に近かったと考えています。

日本の近代を切り開いたとされてきた歴史的な大事件でありながら、何故《なぜ》こういう規模で事が完結したのか。

簡潔に述べるなら、「勤皇思想」が異常な勢いで盛り上がっていたということ、それに伴って朝廷権威というものが公儀権威を上回るほどに強く、大きくなっていたこと、それを受けて諸藩の間に「日和見《ひよりみ》」という態度が急速に増え、「同調メンタリティ」が支配的になっていたことを挙げることができます。

この、背景ともいうべき「勤皇思想」の膨張については、先にお断りしました通り、別に一節を設けて解説することにします。

先に、戊辰戦争勃発の経緯を追っておきましょう。

正当防衛がそうであるように、武力による争いごととは、相手に先に手を振り上げさせ、やむなく必死に防戦するという形を採った方がより正義に近いのです。政治上の権力闘争＝政争であるならば、この形は自分たちの正当性を示すためには必須となることもあります。

大東亜戦争における「真珠湾攻撃」を思い返してください。アメリカ・ホワイトハウスは我が国の連合艦隊が真珠湾に向かっていることを把握していながら、これをハワイの太平洋艦隊司令部に知らせませんでした。簡略にいえば、日本に先に攻撃をさせる、つまり、「卑怯な奇襲」をさせた上で「リメンバーパールハーバー!!」という合言葉の下に、正義の怒りに燃える世論を結集し、対日戦争に踏み切ったのです。

開戦の端緒をこういう形にすることができたからこそ、広島・長崎に対する原爆投下についても、アメリカ人はさほどの痛痒も、後ろめたさも感じることがないままでいられるのでしょう。

勿論、ヒトラーがどれだけ「人道に反する行為」を積み重ねようが、アングロサクソンがゲルマンに対して原爆を使用するということはあり得ません。この次元の異なる「背景となる基盤の要因」については、今は擱《お》きます。

討幕派と公武合体派、或いは幕府そのものとの対立を、そのまま日米戦争端緒の構図に当てはめることはできませんが、戦争とは外交の延長線上にあるものです。不当な先制攻撃を受けてこれに反撃する、つまり、防衛するという形を採った方が権力闘争の上では当然有利になるものです。何はともあれ、相手に先に手を出させることは、外交を展開し、戦争を遂行する上ではとても重要なことなのです。

薩摩・長州は、徳川慶喜に「大政奉還」という手を打たれ、軍事クーデターを画策したものの統治能力の無さを見透かされて慶喜と公武合体派の反撃を受けてこれにも失敗しました。

残された手は、直接的な武力で幕府を攻撃する＝反乱を惹き起こすしかなくなったのです。勿論、軍備の面でも幕府が有利であることは承知の上であって、政治的に敗北した以上、高まる勤皇論という時代の気分を背景にして天皇を手中に収め、先に慶喜から手を出させ、朝廷＝天皇の守護者として必死に反撃、防衛するという形にもち込むしかなかったのです。

長州の桂小五郎や薩摩の大久保一蔵は、武力が必要になると西郷を押し立てるのです。西郷は、岩倉具視の了承を得て、「赤報隊」という部隊を組織しました。隊長は、相楽総三《さがらそうぞう》。

この部隊は、一番隊、二番隊、三番隊から成り、一番隊が相楽を隊長とする相楽の昔からの同志たちが中核を成す部隊で、これが赤報隊の中心です。

二番隊は、新撰組を離脱した御陵衛士《ごりょうえじ》が中核を成していました。御陵衛士は、こんなところに生きていたのです。八十年代以降の新撰組ブームの中で新撰組を知った人なら、この悲劇の集団のことを知っている人も多いことでしょう。三番隊は、近江出身者が中心となっています。主に近江水口《みなくち》藩士です。

赤報隊が、正式に組織されたのは年が明けた慶応四（１８６８）年ですが、その前に西郷は相楽たちに命じました。殆ど打ち手を失っていた薩摩・長州の〝重石《おもし》〟のような存在であった西郷は、相楽たちに何を命じたのでしょうか。

それは、江戸において旗本・御家人などの幕臣や佐幕派諸藩を挑発することです。挑発といえばまだ聞こえはいいですが、あからさまにいえば、放火、略奪、強姦、強殺です。倫理観の強かった江戸社会においては、もっとも罪の重かった蛮行を繰り返すことでした。

何せ毎夜のように、鉄砲までもった無頼の徒が徒党を組んで江戸の商家へ押し入るのです。日本橋の公儀御用達播磨屋、蔵前の札差《ふださし》伊勢屋、本郷の老舗高崎屋といった大店《おおだな》が次々と襲われ、家人や近隣の住民が惨殺されたりしました。そして、必ず三田の薩摩藩邸に逃げ込むのです。

江戸の市民は、このテロ集団を「薩摩御用盗」と呼んで恐れました。夜の江戸市中からは人が消えたといいます。

遂に幕府は、庄内藩酒井忠篤《ただずみ》に江戸市中取締を命じたのです。

藩の成り立ちというものもありますが、会津藩松平容保が京都守護職を受けたことが戊辰会津戦争の悲劇に通じたように、庄内藩が会津と共に最後まで薩摩・長州を中心とした反乱軍に抗戦したのも、その端緒はこの「江戸市中取締」を拝命したことにあります。

幕府高官も庄内藩も、愚かではありません。時の政治情勢はわきまえています。つまり、おかしなことではありますが、取り締まるといってもできるだけテロ集団を刺激しないことに留意したのです。刺激しないということは、いきなり強圧的には出ないということです。

そうなると、赤報隊のテロは益々激化します。江戸だけでなく野州（下野）、相模、甲州といった周辺地域にまでテロの標的を拡大していったのです。

そして、京で岩倉や大久保が勅許を偽造して政局が緊迫の度を増していた頃、再び江戸市中でのテロを激化させ、遂に慶応三（１８６７）年十二月二十二日夜、庄内藩屯所を銃撃するに至りました。翌二十三日には、再び庄内藩士が銃撃を受けます。赤報隊としては、何が何でも庄内藩、幕府を〝喧嘩の場〟に引っ張り出したかったのです。

更にこの二十三日には、江戸城二の丸で放火が発生しており、これも赤報隊の仕業だとされています。

これで、耐えに耐えてきた庄内藩は、堪忍袋の緒を切ったのです。幕府も同時に切れてしまいました。老中稲葉正邦は、庄内藩、岩槻《いわつき》藩、鯖江《さばえ》藩などから成る幕府軍を編成、薩摩藩邸の攻撃を命じたのです。

十二月二十五日、幕軍は三田の薩摩藩邸を包囲、薩摩藩が下手人の身柄引き渡しを拒否したのを受けて遂に薩摩藩邸を砲撃しました。これが世にいう「薩摩藩邸焼き打ち」です。

後に、京にいてこの報に接した西郷は、手を打って喜んだと伝わります。自分が送り込んだ赤報隊の江戸市中での無差別テロという挑発に、幕府が乗ったのです。

これが、京都における「鳥羽伏見の戦い」、つまり、「戊辰戦争」の直接的な引き金となったのです。

薩摩藩邸の焼き討ち程度では収まらなかった幕臣サイドから、慶喜に対して「討薩」の圧力が強まり、慶喜は、「討薩表《とうさつのひょう》」を朝廷に提出することを決意し、「奸臣共の引き渡し」がなければ、やむを得ずこれに「誅戮《ちゅうりく》」を加えると表明してしまったのです。即ち、下手人を引き渡さなければ薩摩を討つと宣言してしまったのです。

江戸での「薩摩藩邸焼き打ち」とそれに至る経緯が、大坂城の慶喜に伝えられたのが十二月二十八日。ちょうど「辞官納地」を骨抜きにし、「王政復古の大号令」を失敗に追い込み、政治的逆襲に成功したとみえた、その時でした。赤報隊の江戸での暴虐極まりないテロ行為を考えると難しいところですが、エリート臭の強い慶喜は、図に乗り過ぎたとみることができるかも知れません。

明けて正月二日、「討薩表」をもった、大河内正質《おおこうちまさただ》を総督とする幕軍一万五千が大坂城を進発しました。そして、翌三日、薩摩がこの一隊を急襲し「鳥羽伏見の戦い」が勃発、薩摩・長州は一気に戊辰戦争という、待ちに待った討幕の戦乱を惹き起こしたのです。

結局、京における討幕クーデターに失敗し、圧倒的に不利な立場にあった薩長勢力は、この江戸市中での騒乱によって一気に戊辰戦争へと突っ走り、後に「明治維新」と呼ばれる政権奪取を断行してしまったのです。即ち、西郷が送り込んだ赤報隊が、その一番の功労者ということになるのです。

敢えて簡略に述べ切ってしまえば、これが、後世「明治維新」と呼ばれた動乱の、核になる部分の史実なのです。

薩摩・長州の書いた歴史では、この動乱がなければ日本が近代を迎えることはなかったということになっていますが、私は全くそのようには考えていません。史実を追うだけでも、そう考えるには無理があります。

薩長政権、即ち、明治新政権は、前時代である江戸期を「打破すべき旧い時代」として全否定し、そういう教育を受け続けた私たち日本人は百五十年以上経った今もそれを信じています が、江戸期とは私たちが教えられてきたものより遥かに高度なシステムをもった社会であり、今や経済史の面からの視点も加えて「江戸システム」と呼ばれるほど世界史的にも類をみない高度な文明社会であったとして評価されつつあります。

特に末期の十五〜二十年を、私は「徳川近代」と呼んでいますが、日本の近代とは確実にここから始まっているのです。この時期と実態を無視して、江戸期を一括りにして、それを単なる陋習に満ちた封建時代であったとするのは、薩長政権が意図して歪めた歴史叙述であると断言できるのです。

江戸期の高度な社会システムについては、拙著『日本人が知らされてこなかった「江戸」』（SB新書）、『三流の維新 一流の江戸』（講談社文庫）などを参照してください。

動乱という事態に身を置いた時、勝たなければ我が身が滅びます。とすれば、打ち手の質にこだわってはいられません。とはいうものの、西郷の採った、手段を選ばず江戸市中でテロを展開するという打ち手を評価することはできません。何故なら、あまりにも下劣な手段であったからです。

もし、西郷という男が上級の士分の者であったなら、こういう手を打ったでしょうか。明治維新とは、下層階級の者が成し遂げた革命であると美しく語られてきました。表面は確かにそのように映るかも知れませんが、下級の士分の者や士分にも位置しない者たちであったからこそ、下劣な手段に抵抗を感じなかったといえるのではないでしょうか。

現代の日本人は、この種のリアリズムを極端に蔑視しますが、これは否定し難い、染み付いた〝本性〟の問題ではないでしょうか。そして、動乱とは概してそういうものではないかと思うのです。

挑発に成功した相楽たちは、直ぐ正式に討幕軍の一部隊としての「赤報隊」として組織され、薩長討幕軍の先鋒を務めることになります。彼らは、東山道鎮撫総督指揮下の部隊として組み込まれたのです。

相楽総三以下の赤報隊は、「年貢半減」を宣伝、アピールしながら東山道を信州へ進軍しました。討幕軍は年貢を半減すると公約して民衆の心を引き寄せながら東へ、東へと進んだのです。

勿論、この〝公約〟は、薩摩・長州中枢の裁可を得て発したもので、赤報隊が勝手に宣伝したわけではありません。

この頃、各地で一揆が頻発しており、総称して「世直し一揆」と呼ばれます。そういう情勢下にあって赤報隊の掲げる「年貢半減」は大いに受け、薩長討幕軍の東進を大いに助けたのです。

ところが、薩長中枢は、このことを赤報隊に対して口頭で許可したものの文書にして残してはいないのです。そして、直ぐ「年貢半減」を取り消し、赤報隊が勝手に触れ回ったものとし、赤報隊を「偽官軍」であるとして追討したのです。

相楽総三以下赤報隊一番隊は、慶応四年三月早々、下諏訪にて処刑されました。但し、隊が担いでいた公家は処刑されませんでした。御陵衛士が中核となっていた二番隊は京へ引き戻され新政府軍に編入、近江出身の三番隊は桑名で処刑されたのです。

相楽が処刑された直後、この知らせを受けた妻は、一子を姉に預け後を追って自害しました。この時、相楽は三十歳であったといいますから、妻は二十代であったはずです。

要は、相楽たち赤報隊は、「維新」に失敗しつつあった薩摩・長州と岩倉具視たちに利用され、使い捨てにされただけなのです。彼らが江戸市中で行った蛮行には許し難いものがあります。しかし、彼らは西郷の命を受け、その行動に「大義」があると信じていたことも事実です。西郷にしてみれば、端《はな》から使い捨ての心算であったのです。

結局、後世でいうところの「明治維新」を成立させるについて、もっとも決定的な道筋をつけたのが赤報隊であり、赤報隊のテロであったのです。

なお、先に挙げた戊辰戦争に含まれる多くの軍事衝突の中で、白虎隊で有名な会津戦争を戊辰戦争を構成する一つの戦に含めることは明らかな間違いです。これは、単なる会津に対する報復戦争であったことを明確に付記しておきます。

4　勝てる戦を捨てた最後の将軍徳川慶喜

事態は、幕末動乱の最終章「戊辰戦争」へ突入することになります。

前述したことを敢えて繰り返しますが、ひと口に「戊辰戦争」といわれますが、これは、小規模とはいえ最終的に明治政府を成立させた、武力による徳川幕府勢力の掃討戦の総称です。

慶応四（1868）年＝明治元年の干支が戊辰であったことから「戊辰戦争」と総称されます。総称であるからには多くの戦から成るものであり、これまでの一般論では、鳥羽伏見の戦いを始めとして、阿波沖戦争、甲州勝沼戦争、箱根戦争、上野戦争、北越戦争、朝日山戦争、二本松戦争、会津戦争、秋田戦争、箱館戦争などが含まれるとされてきました。ひと言で済ませるには多くの血を流した軍事衝突でしたが、それでも歴史学上「戦争」と呼ぶにはあまりにも小規模な武力衝突であったといえます。

中には、わざわざ武力による鎮圧を必要とはしなかったケースもありますが、「革命」とか「内戦」だとかいわれてきた割には、まず規模の点からみても「戦争」と呼ぶには実《まこと》に奇妙な戦争であったといわざるを得ません。

戦死者の数を基準にすることには抵抗を感じますが、戊辰戦争全体の戦死者は、七千人という説から三万人説まで幅があります。最大の三万人という説を採ったとしても、それは内戦と呼ぶにしては小規模であったことを示す数字です。

何故そういうことになったのか。この点に勤皇思想の変遷を理解しておく必要性があり、これを抜きにして幕末動乱そのものを語ることはできないのです。語ってはいけないのです。このことについては、次節で述べます。

また、戊辰戦争全体を通じて、薩長軍の近代化された装備が幕府軍を圧倒して勝利したとの通念がありますが、これも誤りです。

端緒となった「鳥羽伏見の戦い」でもそれが決定的な薩長軍勝利の要因になったとされていますが、「鳥羽伏見の戦い」では特に幕府軍の装備が勝っていました。開戦時の兵力・兵站《へいたん》・装備では、圧倒的に幕府軍が勝っており、薩長軍は幼い明治天皇を京都から長州へ脱出させることも検討していたのが実態です。

私たちは、テレビドラマや映画などで繰り返し繰り返し薩長軍の圧倒的に有利なフィクション映像を刷り込まれていますから、俄《にわ》かには信じられないでしょうが、幕府軍が大坂城に退いた後からでも反攻していれば、薩長軍は壊滅していたはずです。何故なら、幕軍にはまだ洋式部隊が温存されており、本格的な海軍は幕府しか保有していなかったのです。

但しこれは、ごく普通に戦えば、の話です。ひと言でいえば、指揮官のいない軍は戦えないのです。それも、総指揮官自らが戦場を放棄するというぶざまな体たらくでは、どんなに装備において勝っていたとしても戦での勝利は望めないということです。これは、「戦う」という確固とした意志が全軍に行き渡っていたかどうかという、「士気」の問題なのです。

要するに、水戸藩から出た徳川慶喜という最後の将軍は、とても武人の棟梁《とうりょう》である「征夷大将軍」の器ではなかったということです。

但し、二本松戦争以降の奥羽での戦闘においては、薩長軍の装備が勝っていました。奥羽列藩では新式銃の弾薬が底をつき、新式銃を保有していた藩も旧式銃で戦わざるを得ない状況に追い込まれていました。長岡藩が敗れ、新潟港が薩長軍に制圧されたことも一因として挙げられます。

例えば、二本松少年隊や会津白虎隊の装備していた銃はヤゲール銃やゲベール銃が主力であり、これはこの時点では既に、「火縄銃よりはまし」といわれた代物であったのです。

重要な例外ですが、庄内藩だけは別です。豪商本間家の財力に支えられていた庄内藩はスペンサー銃を豊富に備えていたこともあって、最終盤の官軍を名乗る侵攻軍との戦闘に敗れたことはありません。藩単位でみれば、この時点の薩摩・長州主導の新政府軍と防衛戦を繰り広げていた奥羽越列藩同盟を含めた全藩の中で最強であったことは間違いありません。

さて、話を本筋に戻しましょう。

慶応四（1868）年正月二日、大目付滝川具挙《ともあき》が「討薩表」を朝廷に提出するために大坂城を進発しました。滝川具挙は千五百ばかりの兵を率いていましたが、その目的からしてこれは戦闘部隊ではありません。つまり、滝川隊は戦闘隊形をとっていなかったのです。

勿論、薩摩を征討すべきであるということを朝廷に上申し、それをオーソライズすることが具体的な目的であり、同時にその朝廷が薩摩藩の強い影響力の下にあることは認識していたわけですから、不測の事態を想定した緊張感はあったはずです。しかし、隊形はどこまでも行軍隊形です。朝廷に上申するという使命をもっている以上、それは〝儀礼〟的にもそうあるべきであったともいえます。

軍事を考える時、行軍隊形を採っている隊列は普通には戦えないことを理解しておかなければなりません。

ただ、これに大多喜藩主大河内正質を総督とする一万五千の幕府軍が続いていました。更にこの時点で、大坂城にはまだ一万弱の幕軍が控えていたのです。

二日夜に老中稲葉正邦の淀城下に宿泊、翌三日出発。滝川具挙隊の先頭には佐々木只三郎率いる京都見廻組が立っていましたが、この行進を薩摩軍が鳥羽街道小枝橋あたりで待ち構えていたのです。

滝川隊からすれば、左が鴨川、右には薩摩軍、先頭の小枝橋が薩摩軍の銃砲部隊で封鎖されています。ここで二〜三時間に渡って「通せ」「通さない」の押し問答のような使者のやり取りが繰り広げられたのです。夕刻になって遂に交渉打ち切り、不意に薩摩軍の大砲が一斉に火を噴きました。

この時のポイントの一つは、薩摩軍が戦闘態勢を整えて待ち構えていたのに対して、滝川隊は行軍隊形であったため小銃・大砲の弾込めを行っていなかったという点です。更に、京都見廻組は、要人警護を目的とした、いってみれば警察部隊であって、小銃を装備していなかったのです。

また、薩摩の発砲開始が夕刻であり、本格的な戦闘が夜間に入ってからであったことも、一般に流布されているお話と食い違うことを付記しておかなければなりません。現実に、薩摩軍はこの時、焼夷弾を使用しており、伏見方面の戦闘で伏見市街が焼失したのはこれに因るものです。薩摩軍が焼夷弾を準備していたことも、ポイントの一つに挙げることができます。つまり、日が暮れてから戦端を開くことが計画的であった可能性が高いということです。

伏見方面では、伏見奉行所を守備していた新撰組が白刃突貫攻撃で薩摩軍を退却させ、会津藩兵も突貫攻撃を敢行して薩摩軍を桃山まで退却させたことを、新撰組生き残りの永倉新八が『新撰組顛末記』で証言しています。

実際には、新撰組はここで壊滅的な損耗を出しています。この時点で、新撰組局長近藤勇は大坂で負傷療養中であり、副長土方歳三が新撰組を率いていました。

彼が、「もはや刀槍《とうそう》の時代に非ず」と実感したのはこの負け戦であったのです。彼が、有名な写真のような洋装軍人姿に変貌したのはこの戦の直後のことですが、その後、我が国近代陸軍の魁《さきがけ》である「伝習大隊」を指揮して薩長軍に抵抗を続けられる指揮官となり得たのは、天分の軍事センスとこの切り替えの速さによるものと考えられます。

一月四日、態勢を立て直した幕府軍は、佐久間信久指揮の精鋭歩兵部隊を投入。後方に砲兵部隊を展開させ、果敢なことで知られる佐久間隊を最前線に押し出すという極めてオーソドックスな形で攻勢に転じます。

フランス伝習を受けた佐久間率いる第十一連隊は、実質的に伝習部隊の一部を担っていて、その歩兵は、元込め式ライフルであるフランス製のシャスポー銃を装備しており、遥かに劣るミニエー銃が主力であった薩摩兵を撃破して前進しました。前日とは優劣が完全に逆転し、幕府軍が本来の力を示し始めたのです。

普通なら、幕府軍が一気に薩摩軍を壊滅させたところですが、ここで軍事常識では考えられないことが起こるのです。幕軍本営が佐久間隊に「後詰《ごづめ》」を送らなかったのです。こういう初歩的にあり得ないことが何故このタイミングで起こったのか、私は今でも不思議でなりません。

フランス式精鋭部隊に敵前衛を切り抜かせたら、後詰を送って敵全軍を後退させて初めてその局面は勝利となります。これは、兵法以前の問題であり、鳥羽伏見の戦いではこういう常識外の奇妙な事態が幾つも起きているのです。総督大河内正質の資質の問題というには、あまりにも奇妙としかいえないのです。

よくいわれる「錦の御旗」。これを掲げただけで、幕府軍は総崩れになったというのは、お話としては単純で分かり易いのですが、これも聞き方に注意した方がいいでしょう。

この鳥羽伏見から戊辰戦争の幕が切って落とされたのですが、この時点でも薩長軍はまだ単なる「反乱軍」です。ただ、それだけに後日ではあっても幕府側が「錦旗《きんき》」登場に驚いたことは事実のようです。しかし、映画やドラマのように前線に錦旗が翻ったわけではありません。薩摩軍の本営が置かれていた東寺《とうじ》に掲げられたのです。

勿論、この旗は本物ではなく、岩倉具視、大久保一蔵（利通）たちが京の薩摩藩邸で急遽偽造したものです。御所を砲撃するという暴挙を行った反乱軍は、勅許を偽造し、挙句に錦の御旗までをも偽造したのです。

尤も、そもそも朝廷には戦に用いる軍旗などというものは存在しませんから、厳密には「偽造」という表現は相応《ふさわ》しくはないでしょう。強いていえば「捏造」に近いかも知れませんが、ここではいい古されてきた「偽造」という表現を使っておきます。

一方で幕府伝習隊や海軍は、この時点で既に国際的に認知されていた「日の丸」を掲げています。鳥羽伏見から始まる戊辰戦争とは、旗で表現すれば「日の丸」対「錦旗」の戦いであったのです。

戊辰戦争の最終章と位置づけられる箱館戦争では、幕府軍（蝦夷共和国軍）に国際派が多かったことに加えて、元フランス軍事顧問団のブリュネたちがフランス軍籍を捨ててまで合流したこともあって、この図式はより鮮明になります。

大河内正質の不可思議な指揮によって佐久間隊を見殺しにし、幕府軍は大坂城へ敗走します。難攻不落と謳われた大坂城には総大将である将軍徳川慶喜がいますし、まだ手つかずの伝習隊も温存されていました。

私は伏見の生まれですが、地勢的には野戦には全く向いていない地域で、このような場所では小さな局地戦が精一杯です。幕府軍が大坂城を根城にして、態勢を立て直して大きく京都を包囲するように展開して進めば、緒戦の敗退など問題ではなく、この戦は幕府軍の勝利に終わったはずなのです。

総大将徳川慶喜は、実は風邪を理由にして大坂城から一歩も出ていなかったのです。前線には全く出ていません。征夷大将軍といえば、武門の棟梁です。風邪をひいたことが事実であったとしても、総大将たる者がそれを理由にして引きこもるなどということは、あり得ないことなのです。

ただ、大坂城にこもったままだとすれば、慶喜が錦旗を見るということは、当然ですがあるはずもないのです。尊皇家慶喜が錦旗に驚き云々などというお話は、でたらめだということになります。

この戦における徳川慶喜について、私と大阪学院大学森田健司教授は、ある対談で次のような話を交わしています（『明治維新　司馬史観という過ち』悟空出版）。

原田　慶喜という人は、平時に実務をやらせると、非常に優秀だと思います。長州の桂小五郎（木戸孝允）にしても、その他の「勤皇の志士」と呼ばれる人たちも、実は慶喜のことをかなり恐れていました。慶喜は当初、「神君家康公以来」というくらい評価されていたんです。しかし、将軍とは武家の棟梁です。その本来の位置づけからみれば、私はこんなに低劣な人物はいないと思います。あり得ない。

森田　私が何より思うのは、当時の人としては考えられないような、予測不可能な行動をとる人物だということです。歴史をみていくと、元治元（１８６４）年に攘夷延期を不満として水戸藩士たちが筑波山で挙兵した「天狗党の乱」がありましたが、あの時は、慶喜を頼りとしていた天狗党を見捨て、逆に天狗党討伐軍の大将となり攻めています。私は天狗党に対しては好悪はありませんが、まさかそれはないだろうと思います。鳥羽伏見の戦いの時も、幕府海軍軍艦頭の榎本武揚《たけあき》が乗ってきた軍艦で江戸に逃げ帰ってしまったわけです。榎本も「何がなんだか分からなかった」といっていますが、無理もありません。

原田　私は、慶喜には世間知らずという一面もあると思います。「あの政局を生き抜くには」という意味ですが、ある政治環境に身を置いた時に、どう処すのが自分の役割か、或いはどう処したら有利か、こういう基本ともいうべき思考回路をもち合わせていない。諸々考えた時に慶喜という人は世間知らずというか、ボンボンというか、ちょっと教科書からずれたことが起きると、もう頭が回らなくなる人だと思います。

森田　敵前逃亡する前日の一月六日に大演説をしていますね。

原田　「これで終わるわけではない。ここから反抗に転じる。最後の一兵まで戦おうではないか」という大演説を打つんですね。慶喜はそういう時には弁が立つんですね。みんなその気になって、なかには涙を流している幕臣がいたという記録があります。

大坂城にいた戸田肥後守（陸軍奉行並）など幕府諸将も慶喜の演説を聞いて感激をしているんです。そりゃあ、立派な演説ですよ。

「たとい千騎戦没して一騎となるといえども退くべからず、汝らよろしく奮発して力を尽くすべし。もしこの地敗るるとも関東あり。関東敗るるとも水戸あり。決して中途に已まざるべし」（『会津戊辰戦史』）

水戸を出してくる点がちょっとずれていますが、文章的には立派なアジ演説ですよ。しかし、気がついたら総大将であるその本人がいない。慶喜はその夜、会津藩主松平容保、桑名藩主松平定敬、老中板倉勝静、若年寄永井尚志《なおゆき》などに「ついてこい」と命令して、こっそりと大坂城を出て、天保山沖に停泊中の幕府旗艦「開陽丸」へ向かった。妾《めかけ》だけは、いつも連れていきますけどね（笑）。

ということは、全軍の総司令部が全員逃げちゃったわけです。こんなことは軍事的にあり得ないでしょう。まだ、伝習第一大隊、第二大隊という近代装備の精鋭部隊も残っているんですよ。真っ当に戦いさえすれば、負けるわけがないんですよ。

薩摩の主力装備はまだミニエー銃です。エスポワール銃やスペンサー銃がそれほどあった時期ではありませんが、幕軍は元込め式ライフルであるフランス製のシャスポー銃を装備していました。

森田　薩長はイギリス商人グラバーから密輸で買った武器で近代化していましたが、幕府もフランス公使ロッシュから結構買っています。

原田　いくら幕軍が装備に優れていたって、精鋭部隊を投入していない。あれは慶喜の背信行為ですよ。そもそも、先鋒の佐久間隊がかなり薩長軍をえぐっているのに、後詰を送らないというのは軍事常識としてあり得ない。突っ込んでいった佐久間隊はどうするんだ。

森田　慶喜には、そういった知識自体はありますよね。

原田　武家の棟梁なら、あるはずなんです。しかし、現実には戦の現場は大河内正質（大多喜藩二万石）以下に任せて、放ったらかし。あれで「勝て」というのは無理ですよね。挙句に演説だけぶって遁走《とんそう》する。総司令部が存在しなければ軍は戦えない。軍という戦う組織とは、そういうものです。

（中略）

森田　武士道の価値基準からすると、薩長はＮＧといえると思うんですけど、慶喜というのはその価値基準のなかにすら入ってないというか、おかしな存在です。特に将軍ですから、とにかく当時の常識からは考えられないような思考様式ですね。水戸藩主徳川斉昭《なりあき》の子というのもあるかもしれません。開国に猛反対していた斉昭ですが、西洋の物品に対しては大いに興味を示したように。

原田　確かに慶喜には実家の影響を強く受けている形跡があります。水戸家は、二代徳川光圀（１６２８〜１７００）、いわゆる「黄門様」の時から、伝統的に公家かぶれですから。慶喜自身、孝明天皇からずいぶんかわいがられています。そこで「朝廷が」「錦旗が」となったら、もうダメでしょうね。ただ、それでも分からないのは、大坂城であああいう大演説をぶちながら、躊躇《ちゅうちょ》うことなく逃げる。それで江戸に逃げ帰ってきて、また徹底抗戦論をぶち上げるんですよ。もはや分裂症的ですね。

森田　そうですね。あれは本当なのか、私も驚いているんですが、確かにそういう史料は残っていますね。

原田　精神医学的なアプローチがないと、私は理解できないですね。冗談ではなく、その専門の医師にメスを入れていただく必要があると時々思うんですよ。「慶喜の行動、思考様式は、精神医学的にみてどう分析するか」という初めての試みですね。

森田　歴史的事実だけを拾っても、双極性障害っぽい感じは確かにありますね。ものすごく頭はいいけど、調子がいい時と、突然ガクーンと落ちてしまう時とがあるので、気質的に何かそういう問題を抱えていたという可能性はありそうです。

原田　江戸前期、吉良上野介に対して刃傷《にんじょう》に及んだ赤穂藩主浅野内匠頭《たくみのかみ》にも、近年、統合失調症をはじめとする精神病説が唱えられていますからね。

森田　新しい史料を見るたびに更に理解できなくなっていくという、珍しいタイプです(笑)。どんどん繋がらなくなっていくんですよね。

先に触れた通り、西郷、大久保は、開戦直前に明治天皇を京から山陰道を経て長州へ逃がす準備をしていました。鳥羽伏見で幕府との戦端を望んで開いた彼ら自身にも、決して確たる勝算はなかったのです。

イギリスの動きをみれば、更に理解し易くなります。

この戦の時、イギリスは執拗に「局外中立」を主張し、各国を説き伏せました。それは、反乱軍である薩長軍が敗北するとみていたからです。これに対してフランスは、薩摩・長州とそれを軍事支援しているイギリスという討幕勢力を、まとめて叩きたかったというのが本音です。

戦場に「赤シャツ」が出陣していたという説があります。その数、700から800というのですが、私はまだ確実な裏どりができていません。「赤シャツ」とはイギリス兵のことですが、もしこれが事実なら、薩摩・長州の討幕についての綺麗ごと（建て前）は、益々確実に瓦解していくことになります。

幕府人にとって、錦旗を偽造するなどという行為は想像を絶する悪行であり、神仏に背く行為です。その点、長州・薩摩人は柔軟であったともいえますが、特に長州人はもともと気の荒いことで知られ、六十余州三百諸侯の中でお上（天皇）のおわす御所に大砲をぶっ放したのは後にも先にも長州人だけですから、柔軟であっただけで済ませるわけにはいかないでしょう。

結局、幕府を倒して天下は欲しいが、自分たちは劣勢――窮すれば何とやらで薩摩もこれに乗って錦旗の偽物は一晩でささっと作られたという次第です。

尊皇度が高い勢力ほど、偽物であれ何であれ錦旗が登場したとなればそれに抗するという意識は薄くなるのが当然でしょう。そして、一月、二月と時が経つにつれて、この気分が強くなっていったことは否めません。

これまでにも触れましたが、「尊皇」「勤皇」というオピニオンは当時の流行でもあり、武家という教養人ほどその意識は高かったのです。従って、この戦で偽物の錦旗が威力を発揮したことは、一定期間のスパンでみれば、その程度は別にして事実であったとみていいでしょう。『会津藩史』は、「鳥羽伏見の戦い」の敗因を次のように記録しています。

――東軍の敗因多々あれども、正質の怠慢その主因なり。恐るべきは敵にあらずして、指揮官に人を得ると否とにあり――。

総督大河内正質は、大多喜藩二万石という小藩の藩主でしたが、家格は譜代です。正質は江戸へ逃げ帰り、長州・薩摩の新政府になってからその官位を剥奪され、所領も没収されて佐倉藩に幽閉されました。

大河内の責任もさることながら、最終的にこの戦の帰趨を決したのは、精神医学的アプローチの必要性を感じるほど不可解極まる言動を重ね、戦場に兵を見捨てて置き去りにして遁走するという醜態を晒した徳川慶喜その人でしょう。

装備に勝る幕府軍が敗走するという奇妙な戦の主人公は、幕府の棟梁、征夷大将軍であったのです。

5　奇跡の天皇二代

この国で勤皇なり尊皇という考え方や立場が正義でなかった時代は殆どないといっていいでしょう。今これを、素朴に天皇、皇室を敬う立場だとすれば私だけでなく、共産主義者を除く殆どの日本人が勤皇家であり、尊皇家であるといえるのではないでしょうか。

現代日本人は、このことを古くから安定した我が国の皇室のポジションであると思っているようですが、それは大きな誤解です。

天皇や皇族が敬われる存在となったのは、明治維新以降、つまり、「明治近代」と呼んでいるこの150年強の間のことなのです。この短い期間の中で天皇崇拝という心理・心情がもっとも激しく燃え盛ったのが、「昭和維新」と「明治維新」、二つの維新の時でした。

尤も、二つの維新時にみられる天皇の敬われ方には違いがありますし、他の時代におけるそれとも違いがあります。二つの維新時には「敬われる」というより天皇はもはや神格化され、狂信的な天皇絶対主義が社会を覆い、明治維新の際に天皇は数百年ぶりにこの国の最高権威者として覇権を狙う勢力によって表舞台へ引っ張り出されたのです。

江戸幕府は、朱子学を以て官学としました。朱子学とは何ぞやとなると、これを思想学的に正確に説明することは私の手に余りますが、南宋時代に構築された儒教の一体系であることははっきりしています。日本へは同時代に入宋《にっそう》した真言宗の僧によってもたらされたとするのが定説ですが、普及したのは鎌倉期であり、五山の学僧がその担い手となったのです。

江戸期に入って武家の基本理念に通じるものとして朱子学を支えたのが林羅山《らざん》ですが、五代将軍綱吉の時代がそのピークであったとみられます。

この学問は、核心となる教養が実践倫理であり、非常に倫理性が強いことが特徴です。ただ、学問も時代と共に変質していく部分があり、朱子学は本家中国でも清代になると、壮大な世界観をもつ理念性より社会的な秩序構築や維持を意識した「礼学」としての部分が強調されるようになりました。我が国の江戸期においても同様であって、今多くの学者や作家が朱子学をして現状維持を目的とした学問であると言い切るのも、この点を指しているものだと考えられます。

綱吉から少し下ると、紀州から出た吉宗が八代将軍に就《つ》きました。この人は理念性より具象性、実理性を好んだ人で、学問的には実学を重んじた将軍です。このことに歩調を合わせるかのように、この頃になると朱子学はそれまでの勢いを失っていき、その一つの反動が松平定信による「寛政異学の禁」と呼ばれる学問統制であったとみることができます。

ここで大事なことは、朱子学が勢いを失った時期に「古学」が流行《はや》り出したことです。この「古学」が、勤皇という意識を思想・学問として普及させた源泉なのです。

学問体系を詳述することが本節の目的ではありませんので、ここでは「古学」と一括りにしますが、この名称は、多くの場合、山鹿素行《やまがそこう》の「聖学」、荻生徂徠《おぎゅうそらい》の「古文辞学」、伊藤仁斎の「古義学」の総称として使われます。いずれも儒教の一派ではあるのですが、朱子学を否定するという点で共通しているのです。

これらは、上方《かみがた》の僧侶や神官が主な担い手となりました。

僧侶や神官という人種は、概して思考回路が絶対主義的であるといえるでしょう。そのように訓練されているのです。従って、彼らの言説には迫力があります。坊主や牧師の説法に迫力がなかったら、それを聞く方は心もとなくなるでしょう。その意味で、僧侶や神官の存在が「古学」の普及に寄与したと考えられるのです。

江戸期の社会経済システムの基盤は封建制です。

念のため付言しておきますが、封建制とは「土地を介して結ばれた主従関係に基づいて成り立っている社会・経済システム」のことをいいます。あくまで社会・経済システムの名称なのです。現代では「上下関係が厳しい」とか「個人の自由や権利が認められない」といったケースに、「あの人は封建的だ」といった風に使われ、意味が変質していますから注意が必要です。

封建制の社会では、基本的に古いものが権威をもちます。そして、政権というものは、本質的に現実主義なのです。

封建制であったはずの江戸期も中頃に差しかかると、目覚ましい技術進歩もあって生産量は飛躍的に拡大し、もはや現状維持の桎梏《しっこく》から逃れたいという層が増え始めます。この社会層が、徳川将軍家より遥かに古い権威である天皇をもち出して、現状に対するアンチテーゼとして描いた復古社会の実現を説く「古学」に惹かれていったということなのです。

ただ、僧侶や神官が主たる担い手であったその初期に、この思想が学問と呼べる域に達していたかどうかは極めて疑問です。

これに多少なりとも学問的性格を付与したのが、山崎闇斎《あんさい》であるとされています。闇斎は、もともと鍼医者の子でしたが叡山や妙心寺で修業し、還俗《げんぞく》して土佐藩に仕えた時期もあるようです。また、会津藩藩祖保科正之（三代将軍家光の異母弟）に招聘されたことでも知られています。

その思想は徹底した大義名分論でしたが、闇斎は我が国古来の神仏習合を排除しました。即ち、神道《しんとう》の色彩が濃厚であり、闇斎の説く神道は「垂加神道《すいかしんとう》」といわれました。一般には「垂加流」と呼ばれ、公卿《くぎょう》の世界にも大きな影響を与えたのですが、これは天皇の血の神性を殊更強調する「神人合一《しんじんごういつ》」思想であったのです。これが後にテロリズムや差別的な排他主義に繋がっていったことを考えると、山崎闇斎こそ天皇原理主義（尊皇原理主義）の始祖と位置付けることができるでしょう。

この思想は、「元和偃武《えんぶ》」という徹底した平和主義を時代のコンセプトとした江戸幕府にとって極めて危険な思想であったのです。

その後、山崎闇斎の弟子である浅見絅斎《けいさい》をはじめ、若林強斎、栗山潜鋒《せんぽう》、竹内式部、山県大弐《やまがただいに》といった人びとが登場し、勤皇思想は次第に狂信的な尊皇原理主義の色彩を帯びていきました。

中でももっとも公卿の信奉を集めたのが竹内式部でした。それは、式部の説く思想があまりにもシンプルかつ強烈で、口を挟むこともできないほどの絶対的な天皇至上主義であったからでしょう。

なにせ、万物は皆、人間は勿論のこと鳥獣草木に至るまですべて、天皇のおかげで存在し得ているのであって、従って天皇を敬い、二心《ふたごころ》なく奉公すべきである、故に天皇に背く者がいれば親兄弟であってもこれを殺すのが我が国の「大義」であると強調するのですから、公卿とすればそれ以上いうべき言葉もないということになるのです。

幕末の尊皇原理主義者＝尊皇テロリストが拠り所としたのは、こういう思想を易しく語り直したような水戸学であり、それはそのまま大東亜戦争遂行のための全体主義を支えた天皇絶対主義と全く同じものであったのです。

そうなのです、竹内式部の説くところでも天皇は神なのです。大和民族において唯一絶対の存在なのです。そういう天皇を戴く我が国は神国であったのです。

勤皇思想は、そこまで狂って熟してきたのです。

そうなると、天皇の血は絶対絶やしてはならないということになります。万世一系――神《かみ》代《よ》から受け継がれてきたこの血のリレーを絶やすことがあってはならないのです。皇室内の組織、制度、施設は、すべてこのリレーのためにでき上がったものであって統治のためのものではありませんでした。

もっとも大切なものは、いうまでもなく血の担い手である天皇です。次いで大切な存在は、その血を次代に伝える「器」としての女性なのです。下賤《げせん》の私たちからすれば悲しいことですが、愛情などというものは二義的、付随的なものであったといえるでしょう。

中国には「後宮三千」という言葉があります。三千人の女性が皇帝一人のために存在したということになりますが、中国の表現のこと、これは如何にも誇大です。実際には、三夫人・九嬪《ひん》・二十七世婦《せいふ》・八十一御妻《みめ》といって合計百二十人の女性を備えておくことが制度となっていました。

確かに、一人だけの夫人しかいないとなれば、血のリレーが成立する確率はぐっと下がって危険です。百二十人の女性全体で役割を担えば、リレー断絶のリスクは思い切り低くなるというわけです。

我が国の朝廷（皇室）においてもリレー維持のための制度や慣習は、同じでした。天皇の血のスペアを確保しておくという意味で、複数の男児が望まれ、そのことがやはり一定数の女性を必要としたのです。

幕末期の禁裏の女官《にょかん》には、典侍《てんじ》・掌侍《しょうじ》・命婦《みょうぶ》・女蔵人《にょくろうど》などの位がありましたが、それぞれ定員が決まっていた。合計で十五人程度でした。

安政四（１８５７）年、朝廷から御付武家の都筑駿河守へ「禁裏女房一件」と題する要望書が提出されました。これは非公式なものですが、女官の定員制を改めてほしいというのです。理由は「皇胤御手薄《こういんおてうす》」、つまり、このままでは世子がいなくなり、リレーが成立しなくなるというのです。

宮中の女官は終身職でした。一定の年齢で辞めさせるわけにはいかないのです。従って、頭数《あたまかず》が揃っていても役割が果たせるかどうかは別問題になるのです。

朝廷は「申すまでもなく皇統連綿たることは実に国家第一と心得～」と必死に訴えています。

竹内式部を仮に思想家と位置付けたとして、思想家は教条的なことを喚くだけで支持されたとしても、天皇の御そばという現場は大変だったのです。

因みに、歴代天皇でもっとも多く子供をもたれたのは第十二代景行《けいとう》天皇です。

この方には二人の皇后、八人の皇妃があり、この十人の女性から男55人、女26人、合計81人の、今でいえば王子、王女が誕生しています。これなら心配はない、というより、別の懸念すら湧いてくるほどの人数です。

この景行天皇という方はもの凄い天皇で、身長が一丈二寸（約三メートル）もあったといいます。先代の垂仁《すいにん》天皇が１３９歳まで長生きされたため、21歳で皇太子となりましたが、即位されたのは84歳の時でした。それでも六十年間在位し、１４３歳で崩御《ほうぎょ》されたことになっています。

第十二代といえば、それは神話の時代であることを付記しておかなければなりません。神武天皇から十二～十三代あたりまでの天皇には、２００歳、３００歳という超長寿の天皇が何人も存在するのです。つまり、これは神話の中の話になるのです。

では、昭和前期になっても軍人たちが喚いていた「万世一系の～」という、我が国天皇制のシンボリックなフレーズはどうなるのでしょうか。

「万世一系」という言葉の意味をどう解釈するかにもよりますが、これを神武天皇直系の血が続いていると定義すれば、「万世一系」ということはあり得ないでしょう。直系の範囲を兄弟に拡大しても、２００歳、３００歳という天皇を存在させないと成り立たない系譜を大真面目に論じること自体に意味はありません。

神話は神話として、大らかに、長閑《のどか》な気分で大事にしていく――それも誇るべき民族の遺産ではないでしょうか。

さて、天皇の血を連綿と繋いでいくために子供をたくさん産んでおくとなると、それなりの資金・経費が必要となります。つまり、天皇家に求められるものは「経済力」なのです。天皇権威とは「経済力」に裏打ちされて成立するといってもいいでしょう。そして、このことと子供の人数との間には密接な関係があると考えられます。

明治から昭和前期を除けば、天皇の権威がもっとも高かったのは奈良〜平安時代ではなかったでしょうか。

平安京を啓《ひら》いた第五十代桓武《かんむ》天皇から第六十代醍醐《だいご》天皇までの十一人の天皇がそれぞれ何人の血の後継者を残したかをみてみると、その人数に驚かされます。

皇位	天皇	王子	王女	合計	侍妾数
第五十代	桓武天皇	17	19	36	26
第五十一代	平城天皇	3	4	7	7
第五十二代	嵯峨天皇	23	27	50	33
第五十三代	淳和天皇	8	8	16	13
第五十四代	仁明天皇	15	9	24	15

第五十五代	文徳天皇	13	18	31	23
第五十六代	清和天皇	14	5	19	25
第五十七代	陽成天皇	7	2	9	7
第五十八代	光孝天皇	23	23	46	25
第五十九代	宇多天皇	12	10	22	14
第六十代	醍醐天皇	20	18	38	18
合計		155	143	298	206

（大宅壮一氏解釈による『雲上御系譜皇統篇』）

十一人の天皇は、合計で実に２９８人、一人平均にすれば27人の子供をつくっていることになります。

余談ながら、嵯峨天皇は子供の数も侍妾《じしょう》の数ももっとも多く、これが天皇家のもっとも栄えた時代の典型といえるでしょう。ところが、光孝天皇の場合、子供の数の割には侍妾の数が少なめであるといえます。

これは、光孝天皇の子供には「御母未詳《みおもみしょう》」となっているケースが多いからに過ぎません。つまり、この天皇は、公卿公家の娘より「御母」として記録される資格もない身分の低い女性に興味があったようなのです。第六十代醍醐天皇にもその傾向があり、第九十代亀山天皇も同様であったことが分かっています。

時代が下って慶長十六（１６１１）年、既に徳川家康・秀忠時代ですが、この年の五月、後陽成天皇が譲位され、後水尾《ごみずのお》天皇が即位（第百八代）されました。開幕初期に当たるこの天皇は、侍妾は〝僅か〟６人、しかし、子供は33人と平安期の天皇に匹敵する役割を果たされたのです。

侍妾が多産系だった？　そういう者も含まれていたかも知れませんが、実態は経済力がなく多くの侍妾をもつことができなかったのです。

後水尾天皇の33人の子供から、明正《めいしょう》、後光明《ごこうみょう》、後西《ごさい》、霊元《れいげん》天皇の４人の天皇が順次皇位を継承していますが、第百十二代霊元天皇もまた侍妾15人で32人の子供を作っています。江戸期初期から前期の天皇は、経済力の問題で〝効率的〟に子供をつくらざるを得なかったといえるのです。

徳川幕府は、豊臣家を滅ぼした直後、慶長二十（１６２５）年七月に「禁中並公家諸法度《きんちゅうならびにくげしょはっと》」を制定し、朝廷統制の基本を確立します。これは十七条から成り、その後一度も改定されることもなく、江戸期を通じてこれが朝幕関係の基本となりました。

この法度の趣旨に沿って、幕府は朝廷の経済力をもコントロールしようとしたのです。しかしこれは、経済の統制であると同時に、朝廷の「庇護」であるともいえるのです。

既に統治の実権を失っていた朝廷は、自らの力で生きる糧《かて》を生み出す実力も失っており、幕府の庇護なくしては一定の権威を維持して生きることはできなかったのです。

五代将軍綱吉の時代の朝廷の全収入は、十二万二千百五十石（『国史眼』）でした。これは、「禁裏御料」から親王・公卿、女中方、諸役人等々の蔵米に至るまで、すべてを含めたものです。これは、天保時代になっても十二〜十三万石でした。

十二万石余りというと、藩でいえば決して大藩の石高ではありませんが、譜代大名なら中の上クラスの石高といえるでしょう。例えば、讃岐高松藩松平家が十二万石、老中阿部正弘の福山藩が十万石でした。外様大名になると、加賀藩前田家の百二万石は別格としても、四十万〜五十万石クラス以上の大名は西国を中心に幾つも存在します。

つまり、朝廷の経済力を石高でみると決して「雄藩」と呼ばれた藩ほどの力は認められないものの、弱小藩ほど貧乏でもなかったといえるでしょう。適切な表現ではないかも知れませんが、幕府は「生かさず殺さず」といった程度の経済保障をしていたのです。

竹内式部以降、勤皇勢力というものが次第に力を得て、堂々と討幕を主張し、倒幕運動が表面化するまでになった段階になると、勤皇志士たちは尊ぶべき天皇が経済的にも幕府によって如何に虐げられているかをしきりに主張しましたが、これは自らのテロを含む倒幕活動を正当化するためのアピールであって朝廷はそこまで貧乏ではなかったのです。

それは、同じ十二万石といっても朝廷のそれは、幕府が取り立てた年貢から豊作であろうが不作・凶作であろうが確実に提供されるからです。朝廷は、十二万石の領地を統治する必要もなく、年貢を取り立てる必要もなく、参勤交代もなければ公役《くえき》もなく、更には江戸屋敷を設ける必要もなく、要するに全く何もしなくても正味十二万石を幕府が提供してくれるのです。現代の勤労者の用語で表現すれば、額面ではなく手取り収入が十二万石であったということができるでしょう。

では、生活を保証されていた公卿たちは日々何をしていたのでしょうか。

特に「徳川治世」に関わることは何もすることがないのです。彼らは統治（政治）から遮断されていましたから、「徳川治世」下に生きる存在でありながら多少でも公的な実務というものは何もなかったのです。

私たちは一口に「公家」といいますが、公家というのは「武家」に対する言葉です。簡略化していいますが、このうち、位が三位《さんみ》以上、官が「参議」以上の者を「公卿」といいます。公卿の中心にいたのが「摂家《せっけ》」であり、天皇の臣下の中で最高の地位にあって「摂政関白」の地位を独占していました。これには近衛、九条、二条、一条、鷹司《たかつかさ》の五家があり、すべて藤原家から出たことになっていますが、実は殆どが天皇家と血の繋がりをもっているのです。平安朝以後、天皇家の血を交えた形跡がないのは二条家のみです。二条家が徳川家に近い姿勢を採ったのは、こういう点にも理由があったのです。

いずれにしても、公卿も平公家も古くからの慣例の中で徒食していた存在で、組織も慣例そのものも「大化改新」の頃と殆ど変わっていないという社会から遮断された世界に生きていたのです。

こういうところへ、竹内式部の徹底した天皇至上主義思想がもち込まれたのです。式部は、この至上至尊の天皇に代々仕えてきた公家たちの幸福、特権を説き、その選良意識を呼び起こし、その上で今天皇家が陥っている悲惨な状況を訴え、その原因と敵の何たるかを明確にしたのです。そして、天皇家の隆盛を回復するのはお前たち公家の責任、義務であると叱咤し、お前たちの勝利は約束されている、お前たちの栄光は約束されているのだと〝扇動〟したのです。

ここまでいわれると、無為徒食の生活を送ってきた公家の中にも心を動かされる者も出てきます。このような空気、気運が朝廷内に満ちてきたことは、薩摩・長州にとっては歓迎すべきことであったことはいうまでもありません。

天皇にまつわる言葉に、「玉座」「玉顔」「玉手」などがありますが、この場合の「玉《ぎょく》」は「王」を意味しています。かつて金融の世界では、利益を生む投資の対象をやはり「玉」といいました。

木戸孝允（桂小五郎）が大久保利通に「玉を奪われては何にもならないから〜」という意味のことをいったとされていますが、確かに朝廷に食い込んだ薩摩・長州の過激派は時の孝明天皇を指して「玉」という表現を用いています。建て前として神である天皇を尊ぶことを唯一の行動規範としていたはずの勤皇志士たちには、その実「尊皇」の志など殆どなく、彼らにとって天皇はやはり自分たちにとっての「利益を生む存在」であったのです。

『実録・天皇記』を著した大宅壮一氏は、幕末の天皇をラグビーのボールに例えています。先ず敵にボールを奪われないことが大事であったのです。

「鳥羽伏見の戦い」に形の上で勝利した薩摩・長州を中核とする討幕軍は、直ぐ東征軍を組織し、東海道、東山道、北陸道の三方面から江戸・奥州を目指します。ところが、どの方面軍も全く軍の体裁を為していなかったのです。

自分たちは「官」の軍である、即ち、天皇指揮下の官軍であるという建て前がありますから、総督も参謀もトップはすべて公卿なのです。

前述した通り、無為徒食の生活しか知らない公家たちに軍事が分かるはずがありません。そこで「下参謀」という職を設け、東海道方面を西郷吉之助、東山道を板垣退助が受け持ち、彼らが行軍そのものを指揮したのです。

更に問題は兵站でした。この軍は、兵站を全く無視していたのです。（偽造した）「錦の御旗」を押し立てて進めば、万事現地で片づくと思っていたのでしょう。軍資金は途中で何度も底をつき、その都度「三井」の手代《てだい》が京都へ戻って都合をつけてくるといった有様で、三井の手代たちが走り回ったのです。

東海道を進んでいた大総督府が駿府に滞陣し、西郷が先に江戸に入って勝海舟・大久保一翁と江戸城明け渡しの会談をもったのも、本隊の軍資金が底をつき、駿府に留まるしかなかったからなのです。

ところが、東征軍が偽の錦旗を押し立て東へ、東へと進むだけで、行く先々の藩は次々と戦うこともなくこれに「恭順《きょうじゅん》」しました。実際に、「万事現地で片づいた」のです。これなら公家を馬に乗っけておくだけでも事は足りたのです。

勤皇思想とは、ここまで浸透していたとみることができますが、諸藩の間に「同調メンタリティ」が働いていたことも無視できないでしょう。何せ譜代筆頭彦根藩が既に「恭順」していたのです。

幕末動乱は、結末を迎えようとしています。竹内式部が扇動した内容通り、天皇に寄生してきた公家たちが勝利することになるのです。つまり、実質は、薩摩・長州が操ってきた朝廷勢力が、質量ともに上回っていた幕府軍に勝利を収めることになったのです。

但し、最後に、朝廷勢力、即ち薩摩・長州の勝利が実は奇跡的であったことをつけ加えておかなければなりません。

天皇家が衰退していた江戸期においても、その血を守るために天皇がたくさんの子供をつくることに努めたことを先に述べました。

幕末動乱期の孝明天皇は、四人の女性に六人の子供を産ませました。ところが、そのうち五人が三歳以下で亡くなっているのです。江戸期の乳幼児死亡率は、身分階層に関係なく非常に高いレベルにありましたが、特に天皇家においては異常に高かったのです。このことも、子供をたくさんつくった一つの理由です。

たった一人無事に育ったのが、祐宮《さちのみや》即ち明治天皇であったのです。たった一人の男児だけが無事に育って、皇統を維持することができたのです。

この時、皇胤は文字通り危機に瀕していたのです。

この時期、孝明天皇は何度か譲位の意思を表明しています。日米修好通商条約が勅許を待たずに締結された時もそうでした。

しかし、これは幕府に対する「嫌がらせ」のようなもので、何か気に入らないことがあると天皇はいつもこの手を使うのです。天皇の「レジスタンス」とでもいうべきもので、孝明天皇は何度かこれを実行しています。

もし、祐宮がいない状況で孝明天皇が本当に譲位していればどうなったでしょうか。その場合は、孝明天皇の兄弟姉妹の誰かが即位することになります。直系という縦のリレーができない時には横に継嗣を広げる形は、蒙古系民族にみられる特徴です。

孝明天皇の父仁孝《にんこう》天皇は十五人の子供をつくりましたが、無事に育ったのは淑子《すみこ》内親王、孝明天皇、親子《ちかこ》内親王（和宮）の三人だけでした。しかも、男は孝明天皇ただ一人であったのです。

二代続けて同じような危機に瀕して、孝明天皇、明治天皇は、細い糸のような状況にあった皇統を守った「奇跡の天皇」であったといってもいいでしょう。

宮家から誰かをもってくるにしても、当時宮家は四家しかありませんでした。しかも、宮家には既に有力大名という紐が付いています。それを無視して強行すれば、深刻な争乱になった可能性があります。

祐宮がようやく十六歳になっていたことが、奇跡を成立させた要因でもあったのです。結局、幕府は勤皇思想に敗れたといえるでしょう。

更に付言すれば、将軍が水戸の慶喜であったことも、「官軍」の勝因、即ち、徳川政権の敗因として挙げざるを得ないのです。

第四章　成り上がった長州閥の腐敗と西郷の反乱

1　勝利者長州閥の腐敗

凡そ私たち現代日本人ほど自国の歴史を知らない民族というのも、世界的にみて珍しいのではないでしょうか。

何故《なぜ》そうなったか。その〝戦犯〟を挙げろといわれれば、それははっきりしています。文部省（文部科学省）です。

私どもの少年期から既にそのきらいはありましたが、中学・高校の歴史の授業とは、歴史事象を時系列に並べて簡単に解説していくだけでした。生徒は、年号を暗記することに最大のエネルギーを費やさざるを得なかったのです。歴史事象の意味や意義を考えるということをせず、年号の暗記のみを求められて、多くの生徒が歴史嫌いとなっていったのです。

そこへ追い打ちをかけるように、平成六（１９９４）年から高校では世界史は必須科目、日本史は地理との選択科目となりました。本来、逆でしょう。我が国の文部科学省とは、そういう役所なのです。

文部省という役所は、更に大きな過ちを犯した歴史をもっています。昭和十年前後から燃え盛った「昭和維新」運動、それに伴う天皇原理主義の暴走――この時、「万世一系の～」とか「畏《おそ》れ多くも～」というフレーズと共に、狂気じみた神性天皇を崇《あが》める大運動を展開し、国民を「天皇の赤子《せきし》」として戦争に追いやったのが、国粋主義軍部と文部省であったのです。特に文部省こそ、戦争遂行に突っ走った役所であったのです。人に例えれば、「昭和の竹内式部」であったのです。実際のところ、両者のいっていることに殆ど違いはありません。

因みに、我が国最初の文部大臣は、薩摩藩出身の森有礼《ありのり》です。啓蒙学術団体ともいうべき「明六社」を結成して初代代表を務めた森は、一面で急進的な西欧模倣主義者であり、「明六社」設立以前に英語を国語とすることを提唱しています（国語外国語化論）。

彼はこの時、イェール大学のウイリアム・ホイットニーに意見を求めていますが、ホイットニーの方が、日本語のローマ字化に留めるならともかく、日本語の廃止には強く反対しました。西欧人の反対がなければ、この薩摩人は本当に日本語を廃止していたでしょう。一つの民族が共同体を成立させる上で根源の要素となる、民族固有の言語を捨てようというのですから、この男の頭は狂気の域を超えているといえるでしょう。

「徳川近代」を抹殺した明治新政権とは「復古政権」です。建て前ではあっても「復古」をスローガンとして成立した政権が、西欧を神のように崇めたのです。真に愚かで、奇妙といえば奇妙な政権でした。狂ったような勤皇思想によって徳川から政権を簒奪《さんだつ》したのではなかったのでしょうか。

明治も三十年代のことであったかと思いますが、薩摩の大山巌《いわお》が、面詰されて、

「あの時はあれしかなかったのだ」

という意味のことを苦し紛れに答えたという逸話が残っています。

大山巌とは、日露戦争において満州軍総司令官を務めた、あの「ガマ坊」大山です。

彼は、幕末動乱時は薩摩・誠忠組のメンバーであり、「寺田屋事件」の当事者の一人でした。

つまり、「公武一和」が主流であった薩摩藩内でも数少ない尊攘激派の急進派であったのです。

つまり、大山たちは、列強と和親条約、通商条約を締結し、国際協調路線を採った徳川幕府を、古《いにしえ》より神聖な天皇を奉じ、麗しき伝統を守ってきたこの神国を汚らわしい夷狄《いてき》に売り渡す国賊として武力討伐に走ったのです。「あれしかなかった」とは、このことを指しています。

もっと簡略にいえば、大山のいう「あれ」とは、「尊皇攘夷」であり、「復古」なのです。

結局、大山は自ら「尊皇攘夷」や「復古」というスローガンが、単なる「方便」に過ぎなかったことを正直に〝白状〟しているのです。

大英帝国の軍事支援を受けながら、討幕という殺し合いを伴う政争に勝利するためには、攘夷、復古という単調で分かり易いキャッチフレーズを大音量で喚かないと、大衆参加のムーブメントを創ることができなかったという、明治維新という軍事クーデターが抱えるそもそもの不幸がこの点にあるのです。そして、このことが「明治近代」を虚構の歴史物語で覆わざるを得なくなった主たる要因であったと考えられるのです。

明治維新至上主義者とも評すべき司馬遼太郎氏は、『「明治」という国家』（日本放送出版協会）において、次のように語っています。


——明治は、リアリズムの時代でした。それも、透きとおった、格調の高い精神でささえられたリアリズムでした——


また、「明治は清廉で透きとおった〝公〟感覚と道徳的緊張＝モラルをもっていた」ともいい切ります。

私は、これには絶対的な異論があります。ただ、このような司馬史観の誤りについては本書でも既に指摘しているだけでなく、『明治維新　司馬史観という過ち』（悟空出版）など、これまでの著作でも詳しく述べていますのでできるだけ重複は避けますが、公感覚とかモラルということについていえば、新政府のリーダーに成り上がった開化主義者や新しく生まれたエリート層が、江戸期武家社会の倫理観や武家らしい佇まいというものからはほど遠かったことをはっきり指摘しておきます。

繰り返しますが、そもそも明治新政府とは、「王政復古」をスローガンとし、天皇親政を企図した「復古政権」です。これは、これを喚いている尊攘激派といわれたテロリスト本人ですら、少し冷静で頭の回る者なら単に名分として喚いているに過ぎないことをある程度自覚していたはずです。目的は討幕とその結果としての政権奪取であって、「復古」はその目的を達成するための思想的宣伝道具に過ぎなかったはずなのです。

ところが、あまりにも激しくこれを囃《はや》し立てている間に気分が高揚し、手段の域を超えてしまい、目的をすらぐらつかせてしまう局面が出てくるほどに、彼ら自身が錯乱してしまうのです。

現実の討幕勢力が唱えた尊皇や攘夷といった主義主張は、どこまでも俗世の政権簒奪戦を勝ち抜くための建て前でした。動乱に関わった末端の者には、この建て前をそのまま、強いて好意的にいえば純粋に信じて、暴虐の所業を正義と信じて行った者が多数存在したということです。視点を変えれば、これが原理主義の恐ろしさと愚かさであることが分かるはずです。

福澤諭吉は、権力は必ず腐敗すると断言しました。この言に普遍性があるとは思いたくはありませんが、多数の跳ね上がりを生んだ原理主義を方便として成立した復古新政権は、この後、福澤のいう通り絵に描いたように腐敗していくのです。主役は、やはり長州人でした。建て前、方便にこだわらざるを得なかった尊攘激派の弱みが噴出したとみることもできるでしょう。

「透き通った、格調の高い精神で支えられたリアリズム」とは全くほど遠い政争と腐敗。この新政府の醜悪な姿が、維新クーデターの武闘派リーダー・西郷吉之助に「怒りの口実」を与えたのではないかと思えるのです。

福澤諭吉による『明治十年丁丑公論』は、次の緒言から始められます。

——凡そ人として我が思う所を施行せんと欲せざる者なし。即ち専制の精神なり。故に専制は今の人類の性と云うも可なり。人にして然り。政府にして然らざるを得ず。政府の専制は咎むべからざるなり。政府の専制咎むべからざると雖《いえど》も、之を放頓すれば際限あることなし。又これを防がざるべからず。今これを防ぐの術は、唯これに抵抗するの一法あるのみ。世界に専制の行わるる間は、之に対する抵抗の精神を要す。その趣は天地の間に火のあらん限りは水の入用なるが如し。——

つまり、人が権力を手にすれば専制に陥るものであり、それは仕方がない、但し、それを放置すれば際限がないので、大切なことは抵抗すること、抵抗の精神をもつことである、というのです。

思想啓蒙家として誰もが知る福澤の「本性」は、武家のそれであり、彼の啓蒙思想は武家的精神に支えられています。このことは、意外に軽視乃至《ないし》は無視されていますので、注意を要するところです。

明治復古政権は、確かに腐敗していました。汚濁にまみれていたと表現しても、過言ではありません。

一つ二つ、新政府の腐敗の実例を挙げておきましょう。これらは、その後の明治、大正、昭和の大きな疑獄事件の素となり、今日の政権、政治家や企業人の腐敗、倫理観の欠落のルーツとなったという点で、特に重要な史実なのです。

山城屋和助事件という典型的な汚職事件がありました。単なる汚職事件というより、陸軍省疑獄とでも呼ぶべき醜悪な事件でした。

山城屋和助、元の名を野村三千三といい、長州奇兵隊の幹部であった人物です。つまり、山《やま》縣有朋《がたありとも》の部下であったという経歴をもちます。

御一新後、野村は山城屋和助と名乗り商業を生業《なりわい》とし、山縣の引きで兵部省御用商人となりました。山縣が、山城屋からの軍需品納入に便宜を図ったことによって、山城屋は忽ち財を成し、豪商といわれるまでにのし上がったのです。これによって、山縣自身も財を成したことはいうまでもありません。典型的な癒着です。山縣だけでなく、長州閥の軍人や官吏の遊興費は、すべて山城屋もちであったといいます。

政治を材料として双方が利益を得るのですから、軍人・官僚が後ろめたさを感じることもなく、山城屋がその支出を気にすることもないわけです。

そのうちに山城屋は、生糸相場にも手を出し、その資金を兵部省が改組された陸軍省から何の担保も出さず引き出したのです。その額何と十五万ドル。全く、稚拙な漫画のような話です。

いやしくも国庫であり、公金です。国家というものを私有物として扱っていた長州人の感覚とは、それほど未熟であり、それこそ未開であったのです。つい先日まで朝廷・天皇を好きに操っていた感覚で「政府」というものを認識していたのでしょう。この構図が「長州型政治」として、今日まで「型」として引き継がれることになります。

ところが、ヨーロッパの生糸相場が暴落、山城屋は投機に失敗しました。これを取り返そうとして、山城屋は再び陸軍省公金を借り出したのですが、総額は日本円にして六十四万九千円余とも八十万円ともいわれています。これは、当時の国家歳入の一パーセント強、陸軍省予算の一割弱に当たる、途方もない金額であったのです。

山城屋は、大金をもって渡仏したのですが、損失の挽回を図ったかといえば、全くそういう行動はとらず、連日連夜、パリの歓楽街で豪遊していました。

時は、薩摩・長州が徳川幕府から政権を奪取したばかりの明治五（１８７２）年です。この時代、パリではまだまだ珍しい日本人が連夜にわたって豪遊すれば、当然目立ちます。

忽ち、フランス駐在中弁務使鮫島尚信がこれをキャッチしました。そればかりではありません。イギリス駐在大弁務使寺島宗則も、ドーバー海峡の向こうの大陸で噂になっているこの日本人の情報を掴んでいたのです。二人から本国の副島外務卿にこれが報告されました。

国内でも山城屋と陸軍省の汚い関係が放置されたわけではありません。陸軍省内部で山城屋の動きに不審を抱く者が誰もいなかったということは、あり得ないのです。

陸軍省会計監督種田政明（薩摩）が秘かに調査、その結果を同じ薩摩出身の陸軍少将桐野利秋《きりのとしあき》に報告、ここでこの癒着関係は一気に表面化しました。近衛兵を中心に山縣有朋陸軍大輔《たいふ》の責任を追及する声が沸騰、追いつめられた山縣は、辞表を出さざるを得なくなったのです。

勿論、これは純粋な倫理観が働いて山縣が追い詰められたわけではなく、薩摩閥が長州閥を追及したものでした。

この段階で、日本軍閥の祖・山縣有朋が政治生命を断たれたとしても当然であったのですが、これを救済したのが西郷吉之助です。

簡略に述べるに留めますが、山縣追及の急先鋒は近衛兵でした。その長官ともいうべき近衛都督《ととく》は、山縣が兼務していました。上にいくほど人材がいなかった明治新政府らしい体制といえます。

明治三（１８７０）年、薩摩、長州、土佐三藩が兵を差し出し、「御親兵《ごしんぺい》」が成立しました。これを主導したのが西郷です。新政府が新たな施策に着手できたのは、背景にこの武力があったからであり、特に〝第二のクーデター〟といわれる「廃藩置県」が断行できたのも、新政府が八千人のこの軍事力をもっていたからです。

御親兵は、明治五（１８７２）年に「近衛兵」とその名を変えましたが、一貫して中核を担っていたのは薩摩兵でした。

中世以来の独立圏薩摩という風土で郷中《ごじゅう》教育の躾を受けて育った薩摩兵は、郷党意識、団結力、平たくいえば仲間意識が非常に強いといわれます。彼らは、軍隊についても新しい組織を創らなければならない立場の西郷にとって、次第に厄介な難物になっていたのです。西郷は、既に近衛兵の解散を考えていたようなのです。つまり、「徴兵制」の導入を企図していたものと考えられるのです。

西郷は、山縣を陸軍大輔に専念させることとし、自らが陸軍元帥・近衛都督に就任することによって山縣を救ったのです。

山城屋和助は、急遽パリから呼び戻されましたが、既に返済能力もなく、証拠書類をすべて焼き払った上で、明治五（１８７２）年十一月、陸軍省内の一室で割腹自殺を遂げました。これによって、事件は闇に葬られることになってしまったのです。

「尾去沢銅山事件」も、これまた長州閥による絵に描いたような権力犯罪でした。

これは、大蔵大輔井上馨《かおる》（聞多《もんた》）が官権を悪用し、民間人から銅山を強奪するという、露骨といえば露骨過ぎる犯罪です。

伊藤博文（俊輔）と共に新政府きっての女癖の悪い井上という男は、金銭欲の激しかったことでも有名です。二人は、高杉晋作の〝子分〟として走り回っていましたが、まるで女と金を求めて動乱の時代を疾駆していたかのような印象があります。

そもそも、井上を大蔵大輔に任命するなどという人事は、盗人に財布を預けるようなもので、新政府、特に長州閥の性格をよく表わしています。この男は、長州俗論党に襲撃されたことがありますが（袖解橋《そでときばし》の変）、さすがに長州贔屓《びいき》の司馬遼太郎氏も、井上だけはこの時死ぬべきであったと断じているほどです。

井上は、大蔵大輔時代は「今清盛」といわれていたほど権力によって財を成すことに人一倍執着が強かったのです。

この事件が表沙汰になった時の大蔵卿は大久保利通でしたが、彼は岩倉使節団として外遊中であり、留守政府の大蔵省は井上が私物化していたという状態でした。国家の財を管理する大蔵省の私物化です。如何に明治新政府が成立早々でまだ未熟であったとはいえ、これは「異常な未熟さ」であり、まるで「ままごと」のような政府であったといえるでしょう。

南部藩は、御用商人村井茂兵衛から少なくとも五万五千円という多額の借金をしていましたが、当時の習慣によって証文には「奉内借」(内借し奉る)と書かれていました。これは、藩への貸付金の一部でも返却された時に提出することを想定した文言であって、武家や大名家と町民である商人との間の儀礼的慣例です。

いくら井上と雖も、その程度のことは分かっていたはずです。ところが井上は、これを「村井が藩から借財している」として即時新政府への返済を命じたのです。いきなり新政府へ、ということ自体非論理の極みであり無茶苦茶な話ですが、この時、井上に指揮された大蔵省は、村井の釈明を一切聞かず、強引に村井の債務だとして返済を迫りました。実に稚拙な、かつ官権を悪用した露骨なやり口です。

藩への貸付を逆に藩から借金したことにされてしまった村井は、年賦返済を願い出ますが、井上はこれも拒否、尾去沢銅山を没収してしまったのです。日本近代史の研究家毛利敏彦氏は『明治六年政変』(中央公論新社)において、以下のように述べています。

——やむをえず村井が年賦返済を嘆願すると、それを拒絶して理不尽にも村井が経営していた尾去沢銅山を一方的に没収した。旧幕時代にも例を見ないほどの圧政といえよう。村井は、銅山経営権を入手するために十二万四千八百円を費やしていた。ここに、村井

は　破産同然となった。大蔵省の強引なやり方を見ると、藩債返済云々は口実で、当初から尾去沢銅山没収をねらっていた疑いが濃い――

尾去沢銅山を没収した井上は、工部省少輔山尾庸三に命じて、これを井上家出入りの御一新後の成り上がり政商岡田平蔵に払い下げさせたのです。その条件は、払い下げ金三万六千八円、しかも十五年賦、無利息という無茶苦茶な好条件でした。

井上は、大蔵大輔辞職後の明治六年八月、尾去沢銅山を視察、この時の視察費用も岡田が負担したことはいうまでもありません。そして、現地に「従四位井上馨所有地」という立看板を堂々と掲げるという、厚顔無恥な振る舞いを行っています。仮に、自費で購入したとしても大問題ですが、尾去沢銅山を所有したとするなら井上はそれを入手するについて一銭でも身銭を切ったか。否、でしょう。すべて公金と官権を私的に悪用したに過ぎません。先述の毛利氏も「出入り商人岡田を隠れみのに使って銅山の私物化を図ったきわめて悪質な権力犯罪」であると断罪しています。

いうまでもありませんが、井上も岡田も、そして、協力した工部省の山尾も皆、長州人です。

まるで観光旅行のような「岩倉使節団」として外遊していた木戸孝允は、訓令を無視して意識して遅れて帰国した早々、井上の救済と事件もみ消しに奔走することになります。帰国三日後には長州閥の子分井上の自宅を訪問、渋沢栄一を交えて事件もみ消し工作を談合していま す。新しい千円札の顔になる渋沢は、既に新権力の傍《かたわら》に身を置いていたのです。

動乱の時代に「逃げの小五郎」といわれた桂小五郎は、御一新後、木戸孝允と名乗る、西郷、大久保に並ぶ〝大物〟となりましたが、彼が「岩倉使節団」参加を強く希望したのも、内政からの「逃げ」でした。

思い切り簡略に述べますが、生まれたばかりの新政府は、さまざまな難問を抱えており、内治に関わるのが嫌になったのです。このことは、木戸の精神的キャパシティの小ささ、器量の小ささを端的に示しています。

木戸については、とかく健康上の問題が云々されますが、それはもう少し後のことで、御一新後彼がやったことといえば、長州閥子分たちの不始末（実際には犯罪）をもみ消すことでした。山縣・伊藤・井上たちは、皆、木戸の子分であって、私のような浅学の徒が「子分」と表現してもさほど重みもありませんが、博士号をもつ学究の人である先の毛利氏でさえ「子分」という表現を用いています。

親分木戸は、子分の犯罪について全くその理非を問わず、ただ子分であるというだけで直ぐ事件もみ消しに走っているのです。

「明治六年政変」という政局大混乱の時にも、木戸は子分たちの事件を基準に態度を左右させているフシが濃厚です。これではまるでヤクザの世界同様であり、明治長州閥というものが如何に醜悪な集団であったかを思うべきでしょう。

「小野組転籍事件」という、これも木戸が子分救済に一生懸命になった事件があります。舞台は京都。主役は、京都府参事槇村正直《まきむらまさなお》、後に男爵、元老院議官にまで昇った長州閥の大物の一人です。被害者は、三井などと肩を並べていた江戸期以来の豪商小野組。その他、やはり井上も、実は木戸自身も絡んでいます。

ここでは、そういう犯罪も犯していたという、その事件の名称のみを挙げて、先へ進みます。

小野組転籍事件は、京都府と裁判所の対立に発展し、中央政界における大蔵省と司法省の対立という政治問題にまで発展しました。

木戸は、こういう子分の不始末に振り回されることになります。新政府で唯一の理論家であり、近代人であった江藤新平の創った裁判所は、一般市民にとっては人権の最後の砦でしたが、長州閥の支配する新政府官員にとっては邪魔者であったのです。

京都の一件について木戸は、裁判所など廃止した方が天下のためであり、人民のためになると息巻きましたが、これは一体どういう理屈でしょうか。恐らく、自分の資金源を断たれたくなかったのでしょう。

西郷が、朝鮮への使節派遣問題で窮地に立っている時、この男の頭は犯罪を犯した自分の子分の救済と、不正を容赦しない司法省、即ち江藤に対する憎悪で占められていたのです。「維新の三傑」などといわれてきた木戸にしてこの有様です。「明治は清廉で透きとおった公感覚と道徳的緊張＝モラルをもっていた」（司馬遼太郎氏）とは、一体どこをみた論でしょうか。

明治は、その初期から腐敗し切っていたのです。そして、末期には「日糖事件」という、政治家十八名が逮捕されるという大疑獄事件が発生しているのです。

これらの初期の醜悪な権力犯罪が問題となった時期は、「違式詿違条例《いしきかいいじょうれい》」という法律が施行され、「文明開化」の大合唱の中、庶民がこれまでの風俗まで「野蛮だ」「非文明だ」と決めつけられて西欧化を強制されていた時期と重なります。実態は、何でも西洋風を強制していた、当の長州人を中心とした明治新政府首脳こそが、西洋人が知ったら驚愕するような腐敗の権化《ごんげ》ともいうべき存在であったのです。

このような権力欲、金銭欲に支配され、汚濁にどっぷり浸かった政権が、近代化の面では先を走り、倫理観の強かった「徳川近代」を全否定したのです。

徳川幕府を倒した中心勢力である長州閥が行ったこのような政治を「長州閥政治」とすれ

ば、今日まで生きているこの政治スタイルは「長州型政治」と呼ぶことができます。
官が特定の民に便宜を図り、双方が利益を得る、この「長州型」政治スタイルがその後も大きな疑獄事件を発生させながら生き続けます。その過程では、戦争そのものが財閥に利益をもたらしたのです。そして、敗戦を経てもなおこの政治形態が生き続けていることは、今の政権だけでなく戦後歴代政権の姿をみれば明白でしょう。

2 薩摩の風土が生んだ西郷隆盛の虚実

新政府の中心勢力である長州閥がこれほど腐敗していなかったら、西郷吉之助が「西南の役」を起こしてまで新しい中央政府に抵抗することはなかったかも知れません。「西南の役」とは、薩摩閥の、中央政府を主導するポジションを占めた長州閥に対する反乱であったのです。

しかし、明治維新物語に登場する「勤皇志士」たちが麗しい虚像に過ぎなかったことと同じように、西郷もまた今日まで虚像でしか語られたことはなく、彼が単に長州汚職閥に抵抗した正義の士であったということはありません。明治維新物語そのものが大きな虚構に過ぎない以上、彼もまた虚構の歴史を成立させてきた主人公の一人であったのです。

「薩摩おごじょ」という表現があります。この薩摩言葉は、直訳すれば単に薩摩の女性という意味にしかならないのですが、この島国のお国言葉は真に滋味深く、多くの場合、記号としての言葉以上の内包された意味をもっています。

この「薩摩おごじょ」も丁寧に翻訳するとすれば、「気立てが良くて優しいが、芯の強い薩摩の女」という風に訳さないと正解とはいえないのです。通常、薩摩の男を意味する「薩摩隼人」に対比して、薩摩の女性に対してこの言葉が使われますが、幕末においては、天璋院篤姫《てんしょういんあつひめ》こそ「薩摩おごじょ」としてもいいのではないでしょうか。

周知の通り、島津家の分家である今和泉島津家に生まれ、島津本家島津斉彬《なりあきら》の養女となった篤姫は、安政三（１８５６）年、第十三代将軍徳川家定の正室となりました。この婚儀は、薩摩島津家が、やはり薩摩藩から出て十一代将軍徳川家斉《いえなり》の正室となった広大院《こうだいいん》（島津重豪《しげひで》の娘）にあやかろうとしたものです。

広大院が将軍の正室となったことは、異例中の異例のことでした。将軍家の正室は、五摂家または宮家の姫というのが慣例です。この種の慣例とは、もはや掟のようなものであって簡単に破ることはできないのです。

尤《もっと》も、そのために島津家は永年近衛家と誼《よしみ》を通じており、広大院も近衛家に養女として入り、近衛家の娘として将軍家に嫁ぎました。このあたり、江戸期社会は実にフレキシブルであったといえます。その結果、蘭癖《らんぺき》で知られた実父島津重豪は「将軍の舅《しゅうと》となった外様大名」という前代未聞の珍しい存在となったのです。

譜代大名でも不可能なこのような事態を、外様大名島津重豪は何故現出させることができたのか。定説では、島津重豪が、この婚儀は重豪の義理の祖母、浄岸院《じょうがんいん》の遺言であるといい張ったというのです。浄岸院というのは、徳川吉宗の養女です。こうなると、幕府も無視はできなかったようです。これだけでこの婚儀が成立したとは思えないのですが、一応そういうことになっています。

この広大院の最初の名前を篤姫といいました。天璋院篤姫の名前は、この広大院にあやかったものなのです。

ここに阿部正弘政権に食い込んできた島津斉彬の野望が込められています。斉彬は、幕政改革を唱える阿部正弘政権において主導権を握りたかったのでしょう。背景には、琉球経由の密貿易問題がありました。

伝統的に密貿易によって成り立っていた薩摩は、雄藩連合の盟主を目指すこの時期に、密貿易問題に触れられては困るのです。斉彬が、かつて御台所として権勢を誇った広大院の再来を篤姫に期待したとしても不思議ではなかったのです。

一般には、将軍継嗣問題で一橋派であった島津斉彬が、一橋慶喜を将軍に就《つ》けるために篤姫を輿入れさせ、幕閣に対して発言力を高めようとしたとされていますが、これはどうでしょうか。

ＮＨＫ大河ドラマ『篤姫』（２００８年）では、篤姫に対して夫の将軍家定に「寝物語」で慶喜将軍の実現を吹き込むようにいい含めるような展開になっていましたが、大奥のしきたり、特に将軍寝所のしきたりからしても、これは実際にはあり得ません。篤姫は、一橋慶喜が嫌いであったという話の方が説得力があります。明治になってからの勝海舟の思い出話はあまり信用できないのですが、篤姫が慶喜を嫌っていたことは、勝も認めています。

大体、大奥は、水戸の徳川斉昭が大嫌いで、従って息子の一橋慶喜も嫌われていたようなのです。皇女和宮《かずのみや》（徳川家茂《いえもち》正室）との嫁姑問題もとかくいわれますが、慶応二（１８６６）年、慶喜が大奥の改革に乗り出した時には、篤姫と、静寛院宮《せいかんいんのみや》となっていた和宮は一緒になって徹底抗戦しています。

大奥が水戸の徳川斉昭を嫌う主因は、その女癖の悪さに代表される品性の下劣さにありましたが、そこへ話を進めると戻すのが大変になりますので、ここではそれには触れません。

幕府に対する反乱軍である薩摩・長州軍が、「官軍」を名乗って東上してきます。篤姫の輿入れ準備に奔走してくれた西郷吉之助が「下参謀」として、篤姫のいる江戸城に向かって進軍してくるのです。しかも、総督は、和宮のかつての婚約者であった有栖川宮熾仁《ありすがわのみやたるひと》親王です。何という運命の残酷さでしょうか。

戦後、薩長軍から罪第一等とされた最後の将軍慶喜は、何ら政権の後始末をすることもなく、ひたすら恭順の意を表わすために謹慎を続けています。篤姫は、朝廷と実家である薩摩藩に対して、同時に東上してくる西郷に対しても徳川慶喜の助命嘆願の書状を提出しました。これに対して薩長軍は、従三位《じゅさんみ》という篤姫の位階を剥奪することで応えたのです。

繰り返しますが、薩摩藩は篤姫にとって実家であり、西郷は篤姫の養父島津斉彬の取り立てによって世に出られたかつての「忠臣」ともいえる家臣でした。

徳川家定との結婚生活は、二年にも満たないものでしたが、天璋院篤姫は、スジを通したのです。しかし、既述した通り、篤姫が薩長軍を「逆賊」と呼んだことは、彼女の心情のままの表現ではなかったでしょうか。

江戸が東京となり、明治の世になってからも篤姫は、薩摩藩の申し出を拒否して薩摩へも戻らず、一切の援助も受けなかったのです。この人は、輿入れのために薩摩を出てから、一生薩摩へは戻らなかったのです。生活はかなり困窮したと伝わりますが、薩摩の援助は断じて受けず、徳川の人間として生きたのです。

徳川へ嫁いだ身として今更薩摩の支援を受けたら、下種《げす》な表現になりますが「女がすたる」

という想いで生きたのではなかったかと思うのです。

天璋院篤姫。彼女は紛れもなく「薩摩おごじょ」であったといっていいでしょう。薩摩おごじょ天璋院

薩摩という土地は、他のどの藩とも異質な歴史と風土をもっています。西郷という人物の実像

篤姫を主筋とする西郷は、そういう薩摩で生まれ育った薩摩隼人です。西郷という人物の実像を理解するには、何よりもまず薩摩という土地柄を理解することから始めないと成り立たない

と感じるのです。

とはいえ、ここは西郷の一生を辿る場ではありません。西郷という〝英雄〟を創り上げたポ

イントを整理するに留めます。

西郷という男には、極端な二面性があるという指摘があります。私も、かつてその論に傾

き、西郷の解釈に迷ったことがありました。

二面性といわれる時、一つは、徹底して無私である点、別の一面が冷徹な策謀家であるとい

う点です。

あらかじめお断りしておきますが、今、私は西郷に二面性があるとは思っていません。後に

でき上がった、誤った西郷像をもっていると、二面性があるという見方をしないと収まりがつ

かないだけのことなのです。

冷徹な策謀家という一面は、「赤報隊」を使ったことで説明されることが多いようです。確

かに第三章で触れた通り、テロ集団「赤報隊」を組織し、幕府を挑発して「鳥羽伏見の戦い」という戊辰《ぼしん》戦争の戦端を開かせたのは、直接的には西郷です。

西郷は、「赤報隊」を組織し、用が済むと冷酷に割り切ってそれを抹殺しました。単なる道具と割り切った感があります。この点だけで西郷という人物をみれば、彼はマキャベリストであると断じることもできるでしょう。

説明の必要もないでしょうが、マキャベリストとはマキャベリズムから派生した言葉です。即ち、マキャベリの『君主論』に由来します。マキャベリの論を曲解しているとする指摘もありますが、一般的には「目的は手段を正当化する」という意味をもっており、マキャベリストとは、俗っぽくいい切れば「目的のためには手段を選ばぬ人間」という意で使われます。「赤報隊」を使った西郷の目的は、討幕でした。「近代的な新しい国家建設のため」などというのは、後世の官軍史観による後付けであることは、ここまでにも、また、これまでの著作でも整理してきた通りです。西郷たちがそのようなグランドデザインをもっていたことは断じてありません。

勿論、新政府ができて、一部にそういう意識の稚拙な萌芽が存在したことを否定するものではありませんが、それは幕府にはもっと早くから明確に存在しました。列強による植民地化に対する恐怖、或いは危機感と表現すべき心理が、立場を超えて共有されていた面があることも事実です。しかし、その恐怖、危機感が薩長サイドで文久年間から慶応三年までの時期に「近代的な新しい国家建設のため」と表現してもいい問題意識にまで育っていたかというと、そのようなことは断じてないのです。

更にいえば、尊攘激派が喚く「討幕」という目的を「大義」とはいいません。

幕末動乱史を語る時、戊辰戦争に大義はなかったとか、会津にこそ大義があったなどと、よく「大義」という言葉が使われますが、明治維新という出来事を検証しようとする立場からすれば、あまりにも主観的、観念的な「大義」の有無を論じることはナンセンスです。「大義」の有無を前面に押し出して維新を云々する書き物も氾濫していますが、それはどちらが真の朝敵かを根掘り葉掘り書きたてるものであって、維新解釈を矮小化すること甚だしいといわざるを得ません。幕末の動乱は、どこまでも政権争奪戦であって、「大義」などという、実証的に普遍性がない言葉をもち出して語る対象ではありません。

話を戻しましょう。

一方で、西郷ほど無私な人間は、この時期、他に例をみないともいわれます。これは、行動においては、殆ど当たっているでしょう。

彼は、幕府を倒して天下＝政権をとった薩摩・長州を核とする「新政府」を構成したかつての同志に対して、激しい憎悪を抱くまでになりました。何を憎悪したのか。腐敗と権力欲です。

腐敗と権力というものは、表裏を為して一体となっているものです。西郷からみれば、例えば、長州の井上聞多（馨）如きは、許されるものなら八つ裂きにしてもいいほど権力を己の物欲を満足させるために行使する唾棄《だき》すべき存在であったでしょう。西郷は井上のことを「三井の番頭」と呼びました。本人に対して、面と向かってそう呼んだこともあります。

確かに三井は、新政権に癒着することによって財を成し、三菱や大倉といったその他の大商人と共に「財閥」にまで肥大化し、新政権と足並みを揃えて最終的には日本を破滅へと追いやる大戦争へと導いた存在の一つです。

大東亜戦争直後、ＧＨＱがまず断行したことが「財閥解体」でした。つまり、井上ひいては長州閥と三井の癒着に、大東亜戦争にまで突き進んだ昭和軍国勢力のルーツとしての一要素をみることができるのです。このことは、終章でも補足したいと思います。

西郷からみれば、井上だけではありません。山縣も同類、木戸も然り、度合いの相違だけなのです。更にいえば、盟友大久保が権力者然として馬車を乗り回し、結果的に三井や三菱を利するだけのことをやっていることにも腹立たしさを感じたのです。

西郷がいったと伝わります。

「これでは手前どもが倒した徳川家に対しても申し訳が立たない」

これが、西郷の偽りのない心情であったとは思えませんが、自らもかなり贅沢な生活をしながらも、長州閥の汚職や権力欲を憎んでいたことは事実でしょう。

その徳川宗家の分家、紀州徳川家に津田出《つだいづる》という人物がいました。

幕府崩壊後、西郷はこの津田を訪ね、話を聞いたことがあります。忽ち感服してしまい、素直にこの人を担ごうと思ったようです。

戦《いくさ》が終わって、自分たちは次に何をどうしていいのか、さっぱり分からない。しかし、津田には明確な国家像がある。この人を担ぐしかない。無私というか、単純な西郷は、正直に感服し、津田の担ぎ出しを本気で考えます。

大久保や木戸にしてみれば、とんでもない話です。津田とは、直参ではないが、元は幕府サイド＝敵の人間ではないか。益して、将軍職を出してきた御三家の家臣です。この藩が簡単に討幕陣営に加わったとはいえ、勝者の自分たちが敗者の部下を担ぐとは、西郷は狂ったかということになります。

西郷は、戦後は策略、政略を使うということが少なく、「虎狼《ころう》の群れ」を脱して故郷薩摩へ帰ってしまったままでした。戦が終わって成立した新政府集団とは、西郷にとっては倫理や正義の通る人の集団ではなく、ただ敵が築いた社会を食い漁る「虎狼の群れ」であったのです。
尤も、西郷には学識のある人物、或いは学識がありそうにみえる人物に直ぐ傾倒してしまうという癖があります。勝海舟に会ったら勝に感服してしまうということも、この範疇に入る西郷の特性でしょう。

こういう二面性をもつと称される西郷という人間は、一体どういう構造でできていたのでしょうか。また、その本性とはどういうものであったのでしょうか。

西郷は、勘定小頭西郷吉兵衛隆盛の第一子として、今の鹿児島市下加治屋町に生まれました。西郷家は、四十七石という小禄しか得ていない下級の武家でした。この生家跡を訪ねたことがありますが、なるほど武家の屋敷跡としては実に狭い敷地でした。近くに従弟に当たる大山巖の生家もあり、下加治屋町に引っ越してきた大久保の家も近くです。

下級武家とはいえ、武家のやたら多い薩摩にあって西郷家は「城下士」の「御小姓与《おこしょうぐみ》」に属しており、大半が「外城衆《とじょうしゅう》」であった薩摩藩における〝下級〟とは他藩と同じような意味にはならないことに注意する必要があります。正確には、「城下士」身分を下級とはいいません。

会津に「什《じゅう》」と呼ばれる地域単位が存在したように、薩摩には「郷中《ごじゅう》」という地域単位の組織がありました。「什」も「郷中」も、地域単位の名称であると同時に、その地域単位特有の少年教育の場の名称でもあったのです。

会津の「什の掟」はあまりにも有名ですが、幕末動乱において敵味方となる会津と薩摩に似たような少年教育の組織が成立していたことは実に興味深いことです。

西郷は、今の下加治屋町の当時の「郷中」で「二才頭《にせがしら》」を務めました。薩摩では、子供時代から青年期までを「小稚児《こちご》」（六〜七歳）、「長稚児《おせちご》」（十一〜十四歳）などと区分し、最年長（十五〜二十四、五歳）を「二才《にせ》」と呼びます。「二才」になるともう藩校「造士館」で学ぶ年齢であり、彼らは藩校で学びながら郷中の稚児たちの武術指導に当たったのです。

西郷は、この「二才」のリーダー＝「二才頭」を務めました。私は、西郷が「二才頭」を務めたということが、彼の身の処し方ということに大きな影響を与えたと考えています。そのことを理解するためにも、この薩摩の「郷中」の存在に対する理解は不可欠に重要です。

薩摩では「郷中」、会津では「什」といいますが、幅広く捉えればこれらは「若衆組」という日本の伝統的な地域社会特有の若者組織の系譜にあると考えられます。これは、民俗学的には極めて太い軸となっている、我が国の伝統的な習俗、慣習、祭事等々の成り立ちと変遷、民族性などを考える上で必須の考察であって、西郷という極めて土俗性の強い人間の本性とか本質を理解する上では欠かせないアプローチといえるでしょう。

私の少年時代、青年時代まではまだどこの田舎にも「青年団」という組織が残っていました。これも、「若衆組」の存在と真っ直ぐに繋がっているのです。

若衆組は、地方によって若者衆、若者連中など、その呼称はさまざまですが、大体十五歳前後に加入することが多く、年長者がリーダーとなって年少者を指導します。その活動拠点を、若衆宿、若者宿、若宿、寝宿などといいましたが、この呼称も地方によってさまざまです。

討幕の後、明治になって、何でも「開化」何でも「文明」という風潮が支配的となり、若衆宿という習俗も旧習の最たるものの一つとされ、次第に衰退に向かいます。そして、教育勅語の制定によって衰退に拍車がかかり、神性天皇の下〝何でも中央集権〟の明治新政府は、全国的に統一された青少年教育を目指したのです。

大東亜戦争の敗戦後、これが「青年団」として継承され、ピーク時の昭和二十年代には加入者が四百万人を超えていました。東京・千駄ヶ谷の日本青年館は、昭和五十四（１９７９）年に青年団員の募金によって建設されたものです。また、今や全国の自治体主催によって成人式が行われていますが、これは埼玉県蕨市の青年団が始めたものとされています。

しかし、敗戦後は特に農村部から都市への若者の人口移動が激しくなり、「日本的なるもの」に対する価値が極端に下落するという傾向が定着して、若衆宿の系譜にある青年団も決定的に衰退し、昭和末年には加入者が十万人を割ったとみられています。

このような民族性をもつ若衆組と位置づけられる薩摩・下加治屋町「郷中」において、西郷は「二才頭」を務めたのです。

幕末動乱を生き抜き、再度の反乱で散った西郷が、常に若手藩士から一目置かれてリーダーであり続けたのは、彼が「二才頭」であったからです。このことは、単に推量の域に留めておくことではありません。

明治新政府が成立して以降、薩摩にリーダーたるべき人物が多く出たことは周知の通りです。西郷だけでなく、聯合《れんごう》艦隊の創設者ともいえる山本権兵衛《ごんのひょうえ》、日露戦争における大山巌、東郷平八郎といったところがその典型でしょう。彼らには、一つの共通した型があることに気づく方は多いのではないでしょうか。

それは「大将」としての型ともいえ、細かいことは全て部下に委ね、結果の責任だけを負うという、薩摩独特の「テゲ」と呼ばれる身の処し方を雰囲気として醸し出す型のことです。

薩摩人のリーダーは皆、「郷中」の時代から身の処し方を自然と身に付けていくのです。そして、それは「テゲ」というリーダーの美意識といってもいい伝統的な価値観抜きには成立しないのです。

「テゲ」というのは薩摩弁です。「テゲテゲ」と重ねていうことが多かったようです。強いて訳せば、「大概」という意味なのです。

例えば、

「大将ともあろう者なら下にはテゲにしておけ」

といった風に使うようです。

上に立つ者は、下に対してはこまごましたことはうるさくいわずに任せておけ、といった意味合いになります。そういう「差引《さしひき》」（大将の意）たる者のとるべき態度のことをいっているのです。

今流にいえば、ビジョンや理念だけを示し、それだけは断固として譲らず、それに至る具体策、つまり戦術は部下に任せておいて、結果の責任だけをとればいい、ということなのです。

西郷は、戊辰戦争では一軍を率い、西南の役では大将に祭り上げられました。征韓論をめぐる政争の後、彼が「薩摩へ帰る」といっただけで五千人近い近衛兵が行動を共にしたといわれます。

日露戦争野戦軍の総司令官は、大山巌でしたが、彼でなければ乃木希典《まれすけ》も秋山好古《よしふる》も、総参謀長の児玉源太郎そのものも成立していなかったでしょう。

聯合艦隊司令長官を東郷平八郎が務めることによって、秋山真之《さねゆき》という奇人ともいうべき天才的な参謀が生き、ロシア・バルチック艦隊を撃滅するという世界を驚愕させた事態が起きました。

順序が逆になりますが、西郷の弟従道《つぐみち》が山本権兵衛を生かし切ったからこそ、日清戦争後の聯合艦隊の近代化が成功し、東郷の聯合艦隊が成立したのです。

西郷兄弟、大山巌、東郷平八郎——彼らには、同じ郷中で育ったということと共に、このことと密接に関連していますが、見出し易い共通点があります。それが、「テゲ」という態度です。

日露戦争開戦に当たって野戦軍（陸軍）総司令官になりたがったのは、長州閥の山縣有朋でした。彼は、自分がその任に就きたくて仕方がなかったのです。

ところが、同じ長州閥の児玉源太郎がこれを拒否、「わしは、ガマ坊を担ぐ」といって、薩摩の大山巌を担ぎ出したのです。ガマ坊というのは大山のニックネームです。

つまり、下が上を選んだのです。それも、支藩岩国藩出身とはいえ山縣と同じ長州閥の児玉が、薩摩の大山を選んだのです。

児玉という男は、明治期には珍しい傑物の一人で、日露戦争とは彼一人で勝った（正確には負けなかった）戦争だといっても過言ではありません。二百三高地で名高い、同じ長州閥の乃木希典がどれだけ児玉の足を引っ張り、結果として児玉の命を縮めたか、これについても機会があれば俗説に基づく歴史を書き直したいと思っています。乃木を神格化したのは、長州軍閥が創り上げた、後の昭和陸軍です。

内務大臣・台湾総督という地位にありながら、自ら降格とも映る転身を図って大山を担いだ児玉という男は、長州閥という閥で政治を動かすことを嫌った唯一の長州人ではなかったでしょうか。現に彼は、閥の定期会合をしょっちゅうすっぽかしています。

頭脳明晰、細心にして豪胆といわれたこの児玉が、大山の前だけでは〝直立不動〟になったのは何故でしょうか。傑物児玉をして、大将にするならこの男と思わせた大山とは、決定的な何ものを備えていたのでしょうか。

また、当時の言葉で「新帰朝者」といわれる最先端エリートの一人であった、同じ郷中の村田新八は、栄達が約束されている東京には向かわず、西郷に合流して西南の役を戦いました。村田という西欧流エリートを惹きつけた西郷が備えていた吸引力の正体とは何であったのでしょうか。

先輩、同輩を切ってまで人事を刷新し、実質的に帝国海軍聯合艦隊を創り上げた山本権兵衛は、西郷従道という後ろ盾なくしてそれを成し得たでしょうか。西郷従道が具体的に何かを保証した形跡は全くないのです。せいぜい、勝手にイギリスから軍艦を購入し、

「議会が認めてくれん時は、一緒に腹をば切りましょう」

といってくれただけでした。

すべては、薩摩の「テゲ」ではないでしょうか。

そして、人の頭に立つ者が漂わせるこのオーラともいうべき風情は、薩摩独特の郷中という若衆システムなくしては生まれなかったはずなのです。

二才頭が稚児たちを見捨てるわけがないのです。それは、論理を超えた情の領域での確信であり、このことが二才頭に強烈な求心力を与えたと考えられるのです。

村田新八にとって西郷はいつまでも二才頭であったとしか思えず、茫洋とした大山の醸し出す求心力が、閥を超えて長州閥の児玉を惹きつけたと観察できるのです。

皮肉なことですが、西郷吉之助がこの「テゲ」の実践者、具現者であったことが西郷本来の姿を包み隠して、「大西郷」という虚像を創り上げてしまった基盤の要因であると考えられるのです。

3　無意味無責任な岩倉使節団と西郷の怒り

明治四（１８７１）年十一月十二日、岩倉具視《ともみ》を特命全権大使とする岩倉使節団が、最初の訪問国アメリカを目指して横浜を出港しました。第二のクーデターといわれる「廃藩置県」から四カ月後のことです。

封建的な社会を打破して新政府の首脳となった志士たちが、西欧から「近代」を学び取ってきた歴史的な使節団として、公教育の教科書では今でも華々しく評価されている使節団です。

使節団の構成は、木戸孝允、大久保利通、伊藤博文、山口尚芳を副使とし、一等書記官～四等書記官、随行、理事官、随員、留学生から成る大使節団でした。

この中には、田辺太一《やすかず》、福地源一郎、田中光顕《みつあき》、佐佐木高行、村田新八、由利公正《きみまさ》、中江兆民、金子堅太郎、牧野伸顕《のぶあき》、津田梅子、山川捨松、大鳥圭介、新島襄など、幕末・明治史をそれぞれのジャンルで彩った、旧幕臣を含むさまざまな人びとが含まれていたのです。

しかし、使節団の主要メンバーは、文字通りの同床異夢。大久保は、三条実美《さねとみ》に対抗する岩倉具視を取り込むチャンスを作ったことに満足し、伊藤は先を見据えた野心を抱き、木戸に至ってはまんまと国内政局から脱出して公費で観光旅行のような外遊という逃げ場を得て、使命感、責任感を真摯に感じていた者など誰もいなかったのです。

私の少年時代には、五百円札（まだ五百円硬貨はなかった時代です）の肖像は岩倉具視でしたが、この公家上がりの策略家が五百円という高額紙幣に肖像が使われるほどの存在であったのも、この使節団が存在したからであるといってもいいでしょう。

もともとこの使節団は、大隈重信《おおくましげのぶ》（肥前）が発議したものですが、それを大久保が奪い取ったものです。動機はすべて醜い政争であり、大隈の構想した小さな使節団がとてつもなく大きな規模に膨れ上がったのも、大久保の政治的思惑によるものです。ここでその詳細を述べる紙幅はありませんが、それについては、拙著『虚像の西郷隆盛　虚構の明治百五十年』（講談社文庫）をご覧ください。

最初の訪問国アメリカで、早速彼らはボロを出すことになります。

サンフランシスコを経てワシントンに着いたのが、明治五（１８７２）年一月二十一日。出迎えたこの時の駐米少弁務使が、森有礼《ありのり》です。前述しましたが、日本語を廃止しようとした、あの初代文部大臣となる薩摩人です。

この森が、アメリカ側の使節団歓待を勘違いしました。アメリカ側の大歓迎は、東洋の後進国からきた使節団に対する好奇心の表われに過ぎなかったといっていいでしょう。森には、それが認識できていなかったのです。

森は、アメリカ側の態度から判断して今こそ親善訪問に留まらず、正式な条約改正交渉に入る好機であると建言しました。功名心の塊のような人物、伊藤博文（長州）がこれに同調し、岩倉や副使たちを煽ったのです。

万延元（１８６０）年に幕府が派遣した日米修好通商条約の批准書交換のための遣米使節団

と比較すると興味深いものがあります。正使新見《しんみ》正興、副使村垣範正、目付小栗忠順《ただまさ》たち一行は、やはりもの珍しさから大歓迎を受けましたが、その物ごし、風格は、現地メディアを感嘆させました。更に、小栗の、米国ナンバー2である国務長官相手の通貨交換比率交渉などを通じて示した知性と交渉力は、彼らに敬意すら抱かせたのです。一連の公式行事を終えた一行の、ニューヨークブロードウエイでのパレードには五十万人の市民が集まり、空前といわれる大歓迎を受けました。

外交交渉の経験はもとより、知性や見識を備えた徳川近代の使節団と比較するのは、岩倉使節団には酷かも知れませんが、私たちが注目すべきことは使節たちが身に纏《まと》う品格なり風格というものです。外交交渉においては、先ずこれが、その「入り口」において必要となるものです。このことは、今の外務官僚や政治家にも強く指摘しておきたいところです。

森と伊藤に煽られた岩倉以下首脳陣は、すっかりその気になって本格交渉に入ろうとしました。ところが、マンガのような話ですが、彼らの持参していた委任状は条約改正交渉の権限、調印の権限を付与されたものではなかったのです。つまり、彼らには交渉する権限そのものがなかったのです。アメリカ側が、この点を衝かないわけがありません。

交渉の権限を証明する全権委任状が必要だということになって、使節団は本国にその交付を求めることになり、副使である大久保と伊藤が急いで取りに帰ることにしました。ワシントン到着早々、二人は二月十二日、ワシントンを発って取り急ぎ帰国の途に着いたのです。

大久保にしてみれば、大隈から奪い取った立場です。何としても外交上の成果を挙げる必要を感じていたのでしょう。

全権委任状を待っている間に、岩倉、木戸たちは、国務長官フィッシュ相手に予備交渉に入りましたが、いざ外交交渉となるとアメリカは強硬でした。大歓迎は礼儀、交渉は仕事です。当然といえば当然でしょう。

岩倉、木戸たちは大きなショックを受け、挫折感を味わったようです。特に岩倉と木戸、そして、急ぎ帰国した大久保の味わった挫折感は深刻で、彼らは後々までこれを引きずっていました。三人にとってこの外遊は、始まったばかりのこの時点で終わっていたのです。

そもそも彼らにアメリカを相手とすることは、荷が重かったといわざるを得ません。相手は、政権奪取に際して操ってきた公家とは違いますし、何よりもまず、アメリカ側からみれば、今度の使節団自身が小栗や水野忠徳、或いは岩瀬忠震のような幕臣とは余りにも違うのです。

余談ですが、こういう場では狡猾な岩倉や中途半端な理論家木戸のようなタイプより、細かい理論には無知であっても「テゲ」の雰囲気を漂わせた、寡黙な西郷のような人間の方がまだ役に立つものです。但し、数カ月にも及ぶ長期戦の外交となると、話は違ってきます。

いずれにしても、特に木戸の挫折感は格別大きかったようです。伊藤や森といった実際はあまり外国事情に通じていない書生のような輩の言を信じたのは自分たちの罪だと悔い、「只管《ひたすら》涙のみ」とまで悲嘆しています。

司馬遼太郎氏は、いわゆる「明治維新」というものを好意的な意味で「書生の革命」とよく表現しますが、木戸にしてみれば、未熟な書生・子分の伊藤を信じた自分の不甲斐なさばかりが頭をもたげ、副使に就任したことまでを「一生の誤り」であったと「大後悔」するのです。

全権委任の範囲外である対米交渉を軽率に始めて、更にそれに失敗したこの一件は、さまざまな悪影響を生むことになりますが、先ず使節団の旅程が大幅に狂ってしまいました。

当初、この使節団は明治五年秋には帰国することになっていたのです。つまり、旅程は十カ月半くらいで組まれていたのです。

ところが、最初の訪問国であるアメリカで大失態を演じ、アメリカ滞在だけで何と六カ月以上を要したのです。結局、使節団は出発から一年十カ月後に帰国しました。予定の二倍に延びてしまったことになります。

この期間中に、大久保と木戸の関係は更に悪化し、両者は口さえきかなくなったといわれています。それればかりか、木戸の子分・伊藤は、大久保と一緒に一時帰国を余儀なくされたことも手伝って、大久保と親しくなりました。これによって、木戸と伊藤の関係も悪化し、そのことが大久保と木戸の対立に更に拍車をかけたのです。

木戸の、子分・伊藤への怒りは、開化主義者である伊藤への憤りから開化主義そのものへの反感にまで発展したフシがあり、このことが留守政府の諸政策への反撥にまで繋がった可能性は否定できません。

木戸は、ヨーロッパで大久保と共に「急ぎ帰国」の命令を本国政府から受けるのですが、これに従わず更に二カ月も文字通りの観光旅行を続けました。御一新が成立した後も、この男には、公金とか公費という感覚がなかったとしかみえないのです。この公感覚の欠落は、木戸という人間の顕著な特性として認識しておく必要があります。長州閥が腐敗した背景要因として、リーダーである木戸のこの特性が強く影響していたことを否定することはできないのです。

大使岩倉は岩倉で、あとはもう「鉄面皮」でいくしかないと、公家らしくなく開き直っていました。

アメリカでの失態の影響で、イギリスでは避暑の時期にぶつかり、ヴィクトリア女王の避暑明けを漫然と待つ有様で、ロンドン駐在寺島大弁務使からは「万国の一笑のみ」と酷評され、思想家三宅雪嶺からは「国事を余所《よそ》にし、花に戯れ月に浮かるる〜」と批判された岩倉使節団。大久保自身が、「大失敗」と悔悟しているのです。その頃、次のような狂歌が流行《はや》りました。

条約は結び損い金は捨て
世間へ大使（対し）何と岩倉

振り返りますと、そもそも大久保が、錦旗《きんき》を偽造し、勅諚まで偽造するという討幕戦以来の同志である岩倉を抱き込み、肥前派、長州派から政権の主導権、特に外交の主導権を奪取しようと企んで編成した使節団であったことが、失敗の基本要因でしょう。

そして、公金の大きな無駄使いもさることながら、使節団の帰国が常軌を逸するほど遅れたことが、留守政府との距離を大きくしたことが最大の罪ではなかったでしょうか。

留守政府の筆頭は、西郷です。もし、使節団がせめて予定通り帰国していたら、後述する西郷の朝鮮派遣という政治問題は発生していなかったのではないでしょうか。

朝鮮派遣問題が発生していなかったら、いわゆる「明治六年政変」も発生していなかったはずです。

「明治六年政変」が発生していなかったとすれば、西郷の下野も起こり得なかったはずです。

西郷の下野がなかったとすれば、「西南の役」は、果たして発生していたのでしょうか。

岩倉使節団とは、我が国の近代初期にそれほど大きな悪影響を及ぼした新政府の大罪として検証されるべきではないでしょうか。

岩倉使節団が国費を冗費している間、留守政府はさまざまな変革の施策を実行しました。討幕後の社会体制の変革とそれに伴う風俗の変化などを総称した言い方として「御一新」という言葉がありますが、本書でも既に使っているこの「御一新」という言葉を生んだ新政府初期の施策の殆どは、留守政府の手によるものです。

前述の通り、留守政府の最高責任者は、西郷です。しかし、「二才頭」西郷は、いってみれば「大将」であり、細かい実務はやりませんし、分かりません。実務はすべて大隈重信、板垣退助、山縣有朋、江藤新平、井上馨などが行いました。

もし、頭が西郷だけでなく、大久保や木戸も国内にいたとしたら、「御一新」のスピードはもっと落ちていたでしょう。西郷を憎悪する井上でさえ、大久保、木戸が頭にいるよりも西郷だけであったことにやり易さを感じていたに違いありません。尤も、このことが井上を更に金まみれに走らせることに繋がったことも否定できないでしょう。

ところが、外交の面で朝鮮問題という厄介な問題が発生しました。世にいう「征韓問題」です。

事の発端は、朝鮮東萊府《とうらいふ》が釜山の「大日本公館」門前に掲出した〝抗議文〟です。その文言が大問題に発展しました。

もともと江戸幕府と朝鮮は、対馬藩を介する形の「通信」（外交）関係を維持してきました。貿易面でいえば、「江戸四口」の一つであった「対馬口」を介しての交流が存在したのです。

ところが、廃藩置県によって対馬藩が消滅し、明治新政府は、明治五年九月、これまで対馬藩が管理していた草梁倭館《そうりょうわかん》を接収、「大日本公館」と改称して外務省の管轄下に置いたのです。

このあたりは、徳川家があくまで大名連合のリーダーとして諸藩の独自性を一定の範囲で認めていた「幕藩体制」という統治形態を、その体制内で存続していながら理解できていなかったとしかいい様がありません。徳川家を倒したら、同時に日本全国が手に入ったと錯覚していたとしか思えません。新政府にとっては、万事「西欧」が唯一の教科書であったのです。朝鮮が怒ったとしても無理はないといえるでしょう。

倭館の敷地、建物は、朝鮮政府の所有物であり、これを日本にも存在した、例えばイギリス公使館のように考え、「治外法権」を云々するのは全くの筋違いです。対馬藩が使用許可を得て、商人たちと役人を滞在させていたに過ぎないのです。

ところが、何の合意も成立しないまま新政府は旧対馬藩関係者を退去させ、外務省係官を派遣、駐在させたのです。西欧という〝教科書通り〟に外交の一元化を推進しようとしたともみえるのです。

朝鮮側はこれに反撥、両国間に緊張が発生しました。そこへまた三井（一説に三越）の手代が、対馬商人の名義で商売を開始しようとして、朝鮮側は厳しい取り締まりを行うようになりました。公館駐在員が生活物資の供給停止さえ心配するこのような状況下で、〝抗議文〟が貼り出されたのです。

三井にせよ三越であったにせよ、「明治近代」以降の我が国の経済勢力は、常に政権の裏側から政治を歪めていくのです。それを許した明治新政府、実質的に長州人とは、まだまだ稚拙で、「徳川近代」より「未開」であったといえるでしょう。

その抗議文の文中に、日本は西洋の物まねばかりをして恥じるところがなく、対馬商人にしか商売を許していないのにこれに違反した、真に日本というのは「無法之国」であるという意味の記載がありました。この言い分は、大筋において、当たっています。

これは、ちょうど大久保利通が呼び返されて帰国した頃ですが、外務卿副島《そえじま》種臣は清国出張中、外務大輔寺島宗則は駐英大弁務使としてイギリスへ赴任、外務省の筆頭は、外務少輔上野景範《かげのり》でした。上野は、この事態を本国へ急報、太政官（正院）での審議を要請しました。これが、「明治六年政変」へ発展するのです。

多くの書物が、明治二（１８６９）年、明治新政府が「王政復古」を朝鮮に通告したその文書に「皇」とか「勅」という文字を含む文言があって朝鮮がこれに反撥、通告文の受取りそのものを拒否したことが原因としていますが、事はそれだけの説明で済むような単純な話ではなかったのです。

確かに、朝鮮人の感覚では、「皇（王）」とか「勅」という言葉が意味する概念は、明（後に清）国皇帝にしか許されないものでしたが、それを問題にしたことは単なる名分作り、平たくいえば口実作りに過ぎません。

この時期の朝鮮は「衛正斥邪《えいせいせきじゃ》」をスローガンとし、日本流にいえば「尊皇（尊王）攘夷」を国是としていたのです。

但し、この時の「皇（王）」とは、どこまでも中華思想の盟主・中国皇帝のことなのです。中華思想に服属することに何ら恥じることがないといういびつな歴史を刻んできた朝鮮という国、民族は、そのまま中華思想に従った対日認識を保持してきました。ひたすら西欧化に励む明治日本を「倭洋一片」と蔑んでいたのも、このような中華思想による伝統的な対日感情によるものといえるでしょう。

さて、明治新政府の正院のメンバーは、太政大臣三条実美、参議は西郷隆盛、板垣退助、大隈重信、後藤象二郎、大木喬任、江藤新平です。政変は、このメンバーに帰国した大久保利通、遅れて帰国した木戸孝允、そして、正使岩倉具視を加えた面々によって繰り広げられました。

正院閣議にかけられた原案は、武力解決しかないが、とりあえず居留民保護のために「陸軍若干、軍艦数隻」を派遣し、軍事力を背景にして「公理公道を以て屹度談判に及ぶべき」というものでした。

武断派で対朝鮮強硬論者である板垣退助がこれに賛成しましたが、西郷が反対し、副島外務卿が不在であることも理由として閣議は結論を先延ばししました。

西郷の主張は、先ず使節を派遣せよ、それも非武装で、礼装した全権大使を派遣せよ、自らその任に当たりたいというものであったとされます。

ここから今日に至るまで、西郷は征韓論者か、逆に外交交渉によって修好を図ろうとした平和主義者であるのかという、大きく分ければこの二極に分かれて論争が絶えないのです。

閣議の議事録は、残念ながら残っていません。多くの研究者が『岩倉公実記』や『明治政史』（指原安三　明治二十五年）、『征韓論実相』（煙山専太郎　明治四十年）、そして、『大西郷全集』を始めとして幾つかの史料にも収録されている西郷の板垣宛て書簡を根拠として、西郷が征韓論者であったか否か、征韓を期していたのか否かを論じ合ってきたのです。

不思議なことは、全く同じ史料を使いながら、西郷を征韓論者とする論者と全く反対の外交交渉を主張したのだとする（平和主義者）論者に分かれていることです。近年は、どちらかといえば後者が〝優勢〟です。

こういうことは、歴史考察においてはよくみられることで、出典・史料偏重主義（史料原理主義）のもっとも大きな欠陥であると指摘しておきます。

建築の専門家である川道麟太郎氏が『西郷「征韓論」の真相』を著されていますが、それは、次の言葉で締めくくられています。

——西郷は征韓を期していたとする征韓説も、西郷は平和的な交渉を尽くし国交回復を図ろうとしていたとする説も、ともに後世の歴史家が創り上げた虚構なのである。——

全くその通りです。私は強いていえば、西郷が死に場所を求めていたとする「死処説」に近い考えをもっています。ただ、朝鮮に対して軍事力を行使することを「征韓」のひと言に凝縮させるならば、明治六年時点の新政府首脳は、恐らく江藤以外は全員「征韓論者」でしょう。即ち、開戦やむなし、或いは相応の軍事力行使を前提とする狭義の意味での「征韓論」の範囲でいえば、西郷が征韓を期していたとすることは間違いなく、これについては言を待ちません。

むしろ、西郷の立場に立って私が問題にしたいのは、いわゆる「征韓論」を利用した明治六年の政争です。

「廟堂《びょうどう》大分裂」とも称される「明治六年政変」は、通説では「征韓論」をめぐる政府内の対立、分裂であるかのようにいわれ、信じられてきましたが、それは即刻修正すべきでしょう。この時「征韓論」、或いは、西郷を使節として派遣するかどうかという遣使問題は、政争の具として利用されただけなのです。

事実関係のみを簡略に追っておきます。

明治六（1873）年八月十七日、西郷を朝鮮派遣使節に任命することが閣議決定されました。病身を厭わぬ西郷自身の奔走と板垣の支援が功を奏したのです。

西郷は、五月の初めから体調を崩していました。現代でいうところの高脂血症であったとされます。つまり、肥満が原因です。天皇の遣わされた侍医岩佐純とテオドール・ホフマンの診察と指導を受け、食事療法と下剤の服用を行っていたのです。西郷は、下剤による下痢にも苦しんでいました。

五月末に帰国していた大久保は、岩倉使節団の失態に意気消沈、気力すらなくしたような状態で、八月十六日から休暇をとって関西方面へ旅行に出かけてしまいました。この時点で大久保は、西郷遣使問題については全く動いていません。それは三条実美からの参議就任要請を固辞した手前もあってのことと考えられます。

しかし、大久保は内治優先主義であり、その立場から西郷遣使によって政局が混乱すること自体に批判的でした。ただ、「泰然として傍観」するという態度を採ったこと自体が、この問題についてさほどの危機感を抱いていなかったことを示しています。「泰然として」などという言動は、単なる強がりでしょう。

大久保から二カ月遅れて、気ままな外遊を続けていた木戸が七月二十三日に帰国。しかし、木戸は、尾去沢銅山事件、小野組転籍事件等、子分たちの起こした政治犯罪のもみ消し工作に忙殺されてしまいます。木戸は、明治元年に征韓論を唱えたほどでしたが、後に三条に対して征韓反対の意見書を出しています。

しかし、帰国直後のこの時期、木戸の頭は山縣、井上、槇村たちの政治犯罪の処理でいっぱいであったのです。

九月二日、開拓次官黒田清隆が樺太出兵を建議。この頃、樺太問題、台湾問題は、朝鮮問題と同列の外交課題でした。後世からみると朝鮮問題のみが大政治課題であったかのような印象を受けますが、三者はどれを先にやるかが議論された同列の外交課題であったのです。

九月十三日、岩倉が「鉄面皮」でようやく帰国。この頃、使節に内定したものの三条の優柔不断と怠慢によって事態が前へ進まないことに苛立った西郷は、三条に抗議します。

閣議決定後三条は、西郷に対して岩倉帰国後に正式決定するから外務卿と相談して準備しておくようにとの指示をしていますから、西郷が怒って当然です。

優柔不断で小心、リーダーシップなど望むべくもない三条実美という太政大臣、即ち、明治近代初の「総理大臣」ともいうべきこの人物は、長州過激派の操り人形として孝明天皇を利用した挙句、「八月十八日の政変」で長州へ落ちた「七卿落ち」の一人であったことだけを勲章として、新政府成立後その地位を得ただけの公家です。政治的には何の能力ももたず、岩倉と共に、政局大混乱の元凶であったと断じていいでしょう。

八月十七日に閣議決定しておきながら、西郷遣使問題が政治課題として浮上するのは実は岩倉帰国後の九月末のことでした。

西郷の抗議、三条・岩倉の狼狽《ろうばい》は、画策好きの伊藤博文に恰好の餌を与えてしまいます。伊藤は、大久保の参議拝名実現に奔走する姿勢を岩倉に見せつつ、大隈を抱き込み新任参議とされる後藤、大木、江藤の追い落としを画策します。本心は、長州閥の勢力奪還です。この動きによって、朝鮮遣使問題は、本筋から離れて政争の具に利用される方向へ流れ始めたのです。

三条・岩倉の懇請に、大久保は根負けしたようです。但し、自らの参議就任に条件を付けました。三条・岩倉から、途中でぶれない、即ち、変節しないという誓約を書面でとったのです。このことは、三条・岩倉が如何に小心で頼りにならなかったかという二人の器量と、太政大臣とはいえ、また、右大臣とはいっても、二人が政治的現実としてはどういう存在であったかをあからさまに示しているのです。

更に大久保は、外務卿副島種臣を同時に参議とすること、工部大輔に〝過ぎない〟伊藤に閣議参加の資格を与えることを第二、第三の条件としました。そうすれば、参議就任を受けたからには二人の意向通りに動きましょうとしたのです。三条・岩倉が、大久保の条件を容れたことはいうまでもありません。

大久保利通という人物は、このように権力欲が強く、姑息な手を使うところがあり、官軍正史では過大評価されているのです。

十月十二日、大久保は参議を拝命、副島の参議就任は一日遅れて翌十三日。これは、恐らく万事シビアさに欠ける三条の甘さによる手続き上の問題であろうと思われます。早速、大久保が激怒したことはいうまでもありません。

この一日の遅れによって、大久保の参議就任に合わせて予定されていた閣議は、二日遅れの十四日に延期されました。今度は西郷が激怒します。当然でしょう。

新政府は、完全に迷走し始めていました。

西郷の激しい怒りに遭って三条は、己の怠慢を顧みて反省するということも忘れ、更に小細工に走ります。あらかじめ板垣と副島に使節派遣の延期を内々に納得させて十四日の閣議を乗り切ろうとしたのです。これを知った大久保が、またまた激昂してこれを阻止しました。一説には、三条・岩倉・板垣・副島の談合だけは行われたとされますが、これは疑問です。

大久保は、この問題の決着が延びているのは岩倉が帰朝するまでという「行きがかり」上の理由によるものであって、岩倉が帰朝したからには評定《ひょうじょう》の場に乗るのが「御条理」であると、決まりごとの尊重という正論に拠って三条・岩倉の姑息な小細工に反対したようで、西郷の性格を知り抜いている大久保ならではの対応というべきでしょう。つまり、通説に反するようですが、大久保は端《はな》から西郷派遣に反対していたわけではないのです。

また、翌日に閣議を控えた十三日午後に、板垣が閣議の進め方について大久保に一つの策を提案したとされます。それは、遣使問題は西郷の一身に関わる問題であるから、最初に西郷を除いて討議し、後から西郷を審議に加えてはどうかというもので、大久保はこれに同意したとされているのです。

ところが、閣議当日、西郷が岩倉を訪問、閣議へ同行したため、この「西郷外し」は実現しなかったのです。これは、西郷が察知して先手を打ったものとされるのですが、ここまでくるとこれが事実かどうか、もうさっぱり分かりません。事態は既に悪循環に陥っていたのです。はっきりしていることは、三条・岩倉の一連の不誠実な対応が、西郷の両者に対する不信感を強めたということだけです。

十月十四日、朝鮮使節派遣問題を審議する閣議が開催されました。出席者は、太政大臣三条

実美、右大臣岩倉具視、参議の西郷、板垣、大隈、後藤、江藤、大木、大久保、副島計十名、欠席木戸孝允。

木戸は病気を理由としていますが、そもそもこの問題にさほどの興味もなく、井上、山縣たちの醜い汚職問題のもみ消しで頭がいっぱいになっていたのでしょう。これが、長州閥の頭目、「維新の三傑」といわれる男の正体なのです。

閣議において、西郷は当然八月十七日の閣議決定の再確認を求めます。天皇に上奏している以上は、本来これは決定事項であり、岩倉たちは速やかに追認すべきであるというのが西郷の主張でした。

これに対して岩倉が、樺太問題が先決であると反論。そして、大久保が、三条・岩倉との約束通り、二人の意向を反映して、有名な「征韓論反対七箇条」を展開します。

大久保の主張は、朝鮮への使節派遣は開戦に直結することを前提として、戦争になった場合のデメリット、危険を列挙したものです。

これを鋭く批判したのが、徹底した法治主義の理論家、江藤新平です。

江藤は、岩倉の樺太問題先行論に対しては、これは私人間のトラブルであって外交交渉で解決できる問題であり、国家間紛争である朝鮮問題とは次元の異なる問題であるとし、次元の異なる問題を同列に扱うこと自体がナンセンスであると片づけました。

そして、大久保の七箇条に対しては、使節派遣が開戦に直結するから一度閣議決定した派遣を延期してまで戦争準備の期間が必要というなら、既に開戦する理由が存在することになる、ならば朝鮮との間で交渉の余地は既にないはずであり、使節を派遣することは無用となる、むしろ征韓戦争の開戦を決議することがスジであるとしました。

つまり、江藤は岩倉と大久保の論理の矛盾を衝いたのです。決して、征韓論を支持したわけではないのです。如何にも理論家江藤らしいといえますが、結果的に西郷を支援することになったことは否めません。

最終的に、西郷の朝鮮派遣は形式上は大久保を含む全会一致で正式決定されました。大久保は怒りの辞表を提出、岩倉までもが辞意を表明、西郷が三条にルールに従って閣議決定を天皇に上奏するように求めるに至って、物事が決断できない三条は高熱を出して人事不省に陥ったのです。全く救い難い〝総理大臣〟といわれても、弁護のしようがありません。

ここでまた、策士伊藤が画策に走るのですが、大久保が全く同じような策を、同じ薩摩藩の黒田清隆、吉井友実を使って工作します。大久保の権力欲には凄まじいものがありますが、肝心の局面ではやはり伊藤ではなく、同じ薩摩の仲間を使うところが興味深いのです。大久保も、郷中で育った人間であったということでしょうか。

大久保の策に従い、岩倉は太政大臣代理に任命され、十月二十三日、閣議決定を上奏すると共に、併せて自分の見解も上奏、閣議決定を裁可しないように若い明治天皇を誘導したとされます。かくして、閣議決定は覆されました。

岩倉の行為は「太政官職制」を始めとする廟堂の法に違反しています。これもまた、岩倉・大久保の自説を通すためのあってはならない天皇の政治利用であり、本来ならこの時の天皇の裁可は無効です。

この時点の三条・岩倉をみていますと、公家が政治的に如何に無知無能であったかがあからさまになっており、明治新政府の人材の貧弱さを思わざるを得ません。

これを受けて、同日、西郷は辞表を提出。翌二十四日、全参議が辞表を提出しました。同日、西郷の参議、近衛都督を解任、西郷は規則に従い「陸軍大将」のみの身となったのです。

正規の手続きを経た閣議決定が天皇に裁可されなかったということは、天皇の〝内閣不信任〟に当たり、全参議は辞表を提出しなければなりません。大久保、西郷以外の残る参議が全員辞表を提出したのは、この規定によるものです。

大久保の最後の仕上げは、辞表の選別受理でした。岩倉太政大臣代理は、大久保の策に従い、西郷、板垣、江藤、後藤、副島の辞表のみを受理、木戸、大隈、大木、大久保の辞表は却下しました。実に露骨で、醜い手法というしかありません。

これによって大久保は、反対派の一掃に成功したのです。

以上が、「征韓論政変」ともいわれる「明治六年政変」の、あくまで概要です。西郷以下の参議は、「征韓論」に敗れて辞職したわけではないのです。これは、江藤以外にはまだガバナンスの論理を理解していなかった新政府首脳たちの醜い政争であったのです。

これが、明治新政府の正体です。私たちは、これを「日本の夜明け」などと称して賛美してきたのです。

勝者は大久保でした。これによって、土佐、肥前の勢力が後退、薩長による「有司専制」と呼ばれる藩閥の専制体制ができ上がったのです。これは、「大久保体制」とも呼ばれるもので、すべての面で「官」の圧力が強力で、露骨な専制国家となる時代の到来でもあったのです。

西郷の辞職と共に、西郷系の近衛士官や近衛兵、官吏が多数後を追いました。陸軍少将桐野利秋や同篠原国幹がその代表格ですが、彼らこそが「西南の役」において中心的な役割を果たすことになるのです。

政変後、井上馨は再び露骨な利権要求を盟友伊藤博文たちに求めるようになります。江藤も去った今、抜きん出て露骨な金権政治家井上には、もはや恐いものはなかったのです。

つまり、「明治六年政変」の最大の受益者は、他ならぬ長州汚職閥であったのです。

西郷の内には、新政府に対する失望と怒りが沈殿していったことでしょう。板垣の回想によれば、この時既に政府打倒の芽が宿っていたと考えられます。そして、その芽は大きな塊にまで膨れ上がり、明治十（1877）年二月、遂に破裂しました。これが「西南の役」です。

この役における西郷は既にシンボルであり、「虚像」でした。

この役を仕上げの舞台として、薩摩の郡方《こおりかた》書役助という一介の小役人に過ぎなかった西郷吉之助は、英雄と化し、時を経て伝説と化していくのです。残されたものは「大西郷」という「虚像」でした。

しかし、その虚像とは、「文明」だ、「近代」だといって「官」から一つの価値観を強制された市井の人びとが、希求して止まなかったからこそ生まれたものではなかったでしょうか。この点に、いわゆる「明治維新」という変革の正体をあからさまにしようとする時、「大西郷」という虚像の存在とその解明を避けて通れない理由があるのです。

討幕戦には勝ったものの、政変に敗れ、「西南の役」にも敗れ、僅かな時間の間に「官」と「賊」という位置づけを往復した西郷とは、果たして幕末動乱史における勝者であったのか、それとも敗者であったのでしょうか。

終章　軍国日本を創った勤皇思想

武家自身の手によって、武家の存在を抹殺することになる「廃藩置県」という「第二のクーデター」は、大規模な抵抗もなく不思議なほど穏便に実行された歴史上の大変革でしたが、存在を否定された武家に全く不平不満がなかったということではありません。

鬱積《うっせき》した不満の噴出として発生した反乱は、「明治六年政変」と廃刀令、秩禄処分などが直接のきっかけとなった感がありますが、背景にあった極端な欧化政策も影響していました。昨夜まで「復古」「攘夷」を旗印にしておきながら、夜が明けた途端に百八十度転換し、卑しいほどの西欧崇拝を新しい「お上」が押しつけたのですから無理もありません。

不平士族は、次々と反乱を起こしました。「佐賀の乱」（明治七年）、「神風連の乱」（明治九年）、「秋月の乱」（明治九年）、「萩の乱」（明治九年）などがそれです。しかし、これらは「佐賀の乱」（江藤新平・島義勇）を除いては、いずれも勢力としては百数十名から二百名強という小規模な反乱でした。熊本鎮台や広島鎮台の幾つかの連隊や大隊が出動して簡単に制圧しています。

この反乱の流れが、後の自由民権運動に姿を変えるのです。即ち、自由民権運動とは、純粋に「自由」と「民権」を求めて発生したものではなく、本意としては士族特権廃絶に対する反撥、「有司専制」の名で指弾された薩摩・長州閥の専横に対する抵抗であったのです。

民権運動という形を採らなかった一連の不平士族の最後の反乱が「西南の役」であったと解

釈できます。武家の手による武家のためにあらざる御一新は、遂に伝統的な〝独立国〟薩摩の中央政府に対する反乱を惹き起こしたのです。

思うに、「テゲ」の文化に育まれた西郷は、最後まで「小稚児」「長稚児」「二才」の上に立つ、薩摩の郷中若衆組の「二才頭」であり続けたのではないでしょうか。幕末動乱の推移と共にその世界を広げていったとしても、薩摩若衆組の「総頭」であり続けたのではないでしょうか。

「稚児」たちの不平は沸騰しています。そうなれば、「二才頭」としては己の意思は別にして、「稚児」たちの求める「頭」であってやらねばならないのです。このように考えると、西郷が紛れもなく「征韓論者」であったということも自ずと結論として落ち着くのです。

但し、決定的に重要なことは、西郷の視線は常に「稚児」たちに向けられてはいましたが、武家・士族の外、即ち、郷中の外の庶民には向けられていなかったという点です。士族の数が異常に多い鹿児島県において、彼の視線が士族以外の百姓、庶民に深く注がれることはなかったということに注目しておく必要があるのです。

西郷は、「城下士」の末端とはいえ、どこまでも城下士の出身です。この時点で彼の周囲にいた幹部たち、桐野利秋、篠原国幹、村田新八、池上四郎、別府晋介たちにとっては、西郷の存在は「反政府」の旗印として不可欠であったのです。

下野したとはいえ、維新の功労者にして前参議であり、今も陸軍大将です。中央政府内でも〝顔の効く〟、郷党では唯一の存在なのです。ややリベラルな思想傾向をもつ村田新八を別にすれば、彼ら幹部たちにとって重要なものは、西郷のもつキャリアであり、それに基づく中央政府に対する薩摩の、正確には薩摩士族（城下士）の存在感そのものであったのです。

今、西郷が何を考えているのか、それは二の次ではなかったでしょうか。必要なものは、「大西郷」の「顔」なのです。つまり、いつの間にか西郷は「神輿《みこし》」として、シンボルとしてのみ必要であったとみられるのです。

もし、シンボルとして西郷という存在がなかったら、彼らが反乱を起こしたとしてもそれは他の士族反乱と同列に並べられる程度の規模と位置づけで終わったのではないでしょうか。

実は、「西南の役」を実質的に立ち上げた中心人物は、篠原国幹と桐野利秋であると考えることもできるのです。鹿児島視察を目的として、この時期鹿児島に滞在していたアーネスト・サトウも二人の名前を挙げています。そして、サトウは、注目すべき記録を残しているのです。

――西郷には約二十名の護衛が付き添っていた。かれらは西郷の動きを注意ぶかく監視していた――（『遠い崖―アーネスト・サトウ日記抄13　西南戦争』朝日新聞出版）

幹部たちが恐れたのは、西郷の変節です。ひとたび蜂起したら、その決意が揺らいでは困るのです。

西南の役を通じて、一般兵卒が西郷の姿を見ることは殆どありませんでした。それは、彼が常に護衛兵に取り囲まれ、実質的に監視下にあったからです。

では、西郷の真意はどうであったのでしょうか。これについては、英国公使パークスが間接的ながら的確な見方をしていると思われます。曰く、

・薩摩士族は自分たちの力を過信していなかったか

・薩摩士族は自藩の威信と、その指導者の名声と、この二つのものへの信頼によって、判断を誤りはしなかったか

・おそらく真の原因は、いま大胆な一撃を加えて政府を威圧しておかなければ、自分たちの影響力を保持する機会はまもなく失われると、薩摩士族が感じていることである（同）

私は、右の第三項が西郷自身にもあったとみています。西郷は、中央政府の最前線拠点である熊本鎮台を軽くみていたようです。樺山《かばやま》参謀長以下薩摩出身者の寝返りも想定していたようです。熊本鎮台を制圧し、その上で大久保政権と談判に及ぶ——これが、西郷の真意ではな

かったでしょうか。

薩摩士族全体を郷中と捉えれば、篠原や桐野以下の稚児たちの沸騰を、二才頭として認めてあげないわけにはいかなかったのです。日朝修好通商条約も締結され、明治六年政変直後のように士族の不満のはけ口を外征に求めることも難しくなった今、蜂起そのものを止めるわけにもいかないのです。二才頭らしく振る舞ったその時、陸軍大将たる我が身はどうなると考えたのでしょうか。

つまり、西郷は、決死の覚悟で蜂起したわけではない——私は、この推断に確信をもっています。

約七カ月に及んだ「西南の役」は、「田原坂」の激戦によって帰趨が決しました。

振り返りますと、西郷の討幕活動、新政府の構築活動は、絶えず藩父島津久光（島津斉彬の義弟）からの憎悪の視線を感じながら進めざるを得なかったのです。藩内でも、西郷は、最後まで孤立していました。

いってみればそれは、大八車に薩摩という独立性の強い重い大藩を乗せて、ぬかるむ悪路を喘ぎ喘ぎ進んできたようなものであったといえるでしょう。

その上で、「廃藩置県」という、運んできた藩を葬るという仕事をやり遂げた上で西南の役で滅びました。見方によっては、ようやく運命ともいえるであろう苦悩から解放されたようにもみえます。

西郷という人物は、何事も理屈では片づかない、綺麗事を並べても最後は武力だと考えていたことはまず間違いありません。自らも「軍好《いくさ》き」であると公言して憚《はばか》らなかった人物です。

しかし、西南の役とは、そのような西郷の本性が引き起こした反乱ではありません。行き場を失った西郷の自分自身の「始末」であり、一方でもっと壮大な意味として中世以来の独立圏・薩摩の終焉であり、その時点で御一新後の主導権が完全に薩摩から長州へ移った決定的な事件であったのです。

西南の役を代表する「田原坂」の、激戦というにはあまりにも凄惨《せいさん》な戦闘においても、西郷は前線に立って全軍を鼓舞して戦うといった行動を採っていません。西郷はもはや「お飾り」のような存在に過ぎなかったのです。

しかし、「明治六年政変」という、あまりにも低劣な政争に怒り、失望して下野した西郷の心情を思えば、そこまでで十分でしょう。

「田原坂」とは、中央政府という大人社会に怒った若衆宿の「稚児」たちの蜂起を二才頭として放っておくわけにいかなかった西郷の仕上げの舞台であったとしか思えないのです。

土地の老女が、田原坂の戦に比べりゃ大東亜戦争なんか小さいと語った田原坂の激闘の詳細は、やはりその種の物語に任せた方がいいでしょう。僅か十六日の間に薩摩軍と新政府軍が撃ち合った弾丸は、三十数万発に上ります。戦場は、長さ八キロ、幅六キロという狭いエリアで、飛び交う弾丸の密度を思えば、確かに大東亜戦争なんぞ、という回顧もあながち誇張とは思われないのです。

たった一人の老女の感覚ではありません。後の日露戦争で第三軍司令官として「二百三高地」を何とか攻略して〝英雄〟となった既述の乃木希典は、この戦役の時、小倉第十四連隊を率いて薩軍に連戦連敗、挙句に連隊旗を奪われたことはあまりにも有名です。その乃木が、激しい旅順攻防戦の最中《さなか》にぼそっとひと言幕僚たちに漏らしたと伝わる言葉があります。

「田原坂の方がもっと酷かった……」

当時の小銃弾は鉛です。政府軍の弾と薩軍の弾が空中でぶつかり、そのまま噛み合って固まったものが今も残されています。これを「行き合い弾」といいます。こういう苛烈な戦闘を経て、薩軍は薩摩本領へと退却し、城山を枕にして壊滅するのです。

田原坂への道には、長州閥の腐敗、不平士族の発生と困窮、極端な欧化政策への反撥、薩摩と肥後の歴史的関係、征韓論の真実、「関ヶ原」以来の怨念等々、さまざまな武家の想いと思惑、生態が転がっているのです。そして、西南の役によって「幕末動乱」という一つの時代が、ここで終焉を迎えたのです。

では、田原坂から先の道には、どういう事柄が転がっていたのでしょうか。

ひと言でいえば、田原坂の激戦を惹き起こした遠因と全く同じ汚職、腐敗でした。

その後の明治近代には日常的といってもいいほど、汚職事件が発生しています。官軍の歴史では、明治維新を遂行し、近代の幕を開いたとされてきた「勤皇志士」たちの政治的業績を麗しく叙述していますが、彼らの殆どが大倉、三井、三菱などの政商と驚くべき不適切な関係をもち、多くの場合、双方が具体的な利益を手にしているのです。そして、その汚れた関係を詳しくみていけば、そこには驚くべき人物の名前が並ぶのです。

代表的な一例として、大正三（1914）年に発覚した「シーメンス事件」があります。

これは、ドイツのシーメンス社が日本の海軍高官へ多額の賄賂を送っていたという事件です。これによって、第一次山本権兵衛内閣は崩壊しました。

「長の陸軍・薩の海軍」という言葉がありますが、明治以降の陸軍は長州閥が支配し、海軍は薩摩閥の支配下にあったことを表現したフレーズです。事件時の内閣総理大臣山本権兵衛は、薩摩出身、しかも皮肉なことに彼は西郷と同じ郷中の出身でした。聯合《れんごう》艦隊生みの親ともされる山本も、軍艦購入に際して賄賂を受け取り、イングランド銀行へ隠していたとされます。

この事件では、ドイツの司法裁判所が海軍関係者を実名で公表していますが、例えば藤井光五郎機関少将（福本藩）は、軍艦一隻につき5パーセント、その他の発注については2・5パーセントのコミッション（実質はリベート）を受け取っています。この料率は、慣例として決まっていたとされます。つまり、代々の海軍高官は、軍艦を購入するたびに高額の賄賂を受け取る仕組みができていたのです。

海外メーカーと政治家や軍人の間に立ったのが、三井、三菱、高田商会などの財閥です。三井はビッカーズ社の代理人であり、高田商会はアームストロング社の代理人を務め、ここからさまざまな金が政治家へも流れたのです。

この事件の背景には、実際に金を手にする、しないは別にして、「平民宰相」として名高い原敬《たかし》（当時内務大臣）、斎藤実《まこと》（当時海軍大臣）、山縣有朋《やまがたありとも》、井上馨《かおる》、西郷従道《つぐみち》、品川弥二郎、樺山資紀《すけのり》等々さまざまな政治家の名前が登場します。それを型として創り上げたのは、三井と三菱、特に三井でしょう。

三井といえば井上馨、三菱といえば大隈重信《おおくましげのぶ》、この密接な繋がりは明治近代の政治を語る時は、大前提となります。三井の益田孝、三野村利左エ門（利八）という名前は、国家の政《まつりごと》を私利の道具とした人物として歴史に刻まれなければなりません。シーメンス事件の時、検察は、賄賂小切手の振出人である三井物産社長三井八郎次郎にも、益田、三野村にも手をつけませんでした。それは何故《なぜ》でしょうか。三井家は、治外法権が適用される存在であったとしかいい様がないのです。

当時、最新鋭の主力艦（戦艦や重巡）の建造費相場は、トン当たり80ポンド（約８００円）

とされていました。ところが、日本海軍はトン当たり１００ポンドで発注していたのです。これならメーカーや代理店も賄賂分を差し引いても十分利益が確保できたのです。日本の政治家、軍人からすれば、高く支払っても、いずれ自分の懐《ふところ》に戻ってくるのです。

西郷隆盛が、井上馨に向かって「三井の番頭さん」といったことは先に述べましたが、明治六年政変の時、同じ薩摩の黒田清隆にもこの実態をこぼしていました。

「参議の中には右手に商売、左手に政柄を執る輩がいる。これでは維新のために死んだ者たちには申し訳ない」

これを三井の三野村に当てはめれば、「右手に幕府、左手に薩長」となるのです。

三野村については、小栗上野介の遺族を庇護したなどという麗しい話が残されていますが、彼はそれだけの生易しい人物ではなかったのです。鳥羽伏見の後、兵站《へいたん》も何も考えていない東征軍の資金を支えたのは、三井でした。

三野村が小栗上野介の遺族を庇護したからといって、それは罪滅ぼしの一端にもなりません。

これと全く同じ光景が、大東亜戦争においてもみられました。南方へ戦線を拡大していく日本軍には、財閥グループの〝営業マン〟が同行していました。夜の酒盛りの場で、軍士官がいます。

「次は○○島をやるけど、お宅、やる?」

これは、現場にいた元軍人が戦後になって証言したものです。

つまり、政商にとって戦争は儲かるということです。このことを成立させた政治スタイルを、私は「長州型」と呼んでいます。そして、それは「勤皇思想を利用して徳川幕府を崩壊させた明治維新というムーブメント」がもたらしたものなのです。

つまり、軍国日本とは、山崎闇斎《あんさい》や竹内式部以来の狂気ともいうべき勤皇思想が創り上げたものであると断じることができるのです。

恐ろしいことに、昭和の戦後になって、シーメンス事件と全く同じ事件が発生しました。昭和五十一（1976）年に発覚したロッキード事件です。私の世代の人は、リアルタイムで知っているはずです。軍艦が航空機に代わっただけで、構図は殆ど同じでした。そして、大久保利通の孫が被告席に座っていたのです。

更に、元総理大臣まで逮捕されたこの事件では、通訳や運転手など多くの関係者が不審死をしており、国会で政府が身辺警護の不備を追及されたほどです。しかし、その後も警察は、民間人の身辺警護は行わず、それから後も不審死は発生しています。

長州型政治は、戦後もまだ生きていたのです。

結局、明治維新が生んだ官民癒着という腐敗は、やはり、維新が生んだ天皇原理主義に侵された右翼青年将校たちを昭和維新運動へと駆り立て、メディアがこれを賛美することによって軍国日本が肯定され、戦争に敗れてもなお、生き続けているのです。

ヒトラーのような一人の独裁者がリードしたわけではありません。明治維新というムーブメントの負の遺産を守り続けているのは、他ならぬ私たち一人ひとりの市民ではないでしょうか。

どういう視点から検証しても、大東亜戦争に直結した「昭和維新」を推進したのはメディアと勤皇思想に染まった市民であったのです。そして、それを助長したのが「同調メンタリティ」というムラ社会の心理です。

メディアに従って誤った大衆行動を採った、新型コロナで騒いだ三年間を思い出してください。飲食店に対して自治体が「要請したに過ぎない」営業時間や酒類の提供などを、まるで「令和のお上」が発した命令のように受け止め、市民が市民を攻撃し、メディアがその攻撃の下地を作るという恥ずべき狂騒が社会を覆いました。その構図は、「昭和維新」のそれと全く同じです。

ムラ社会の「同調メンタリティ」を克服した時、私たちは初めて「歴史の検証」という作業ができる段階に達しているのかも知れません。

主な参考引用文献・資料（順不同）

氷川清話　勝海舟（講談社学術文庫　講談社）

幕末の江戸風俗　塚原渋柿園（岩波文庫　岩波書店）

幕末外交談　田辺太一（東洋文庫　平凡社）

幕末政治家　福地桜痴（岩波文庫　岩波書店）

京都守護職始末　山川浩（東洋文庫　平凡社）

赤松則良半生談　赤松則良（東洋文庫　平凡社）

南柯紀行　大鳥圭介（新人物往来社）

新撰組顛末記　永倉新八（新人物往来社）

長崎海軍伝習所の日々　カッテンディーケ（東洋文庫　平凡社）

ペリー提督日本遠征記（上・下）　M・C・ペリー（KADOKAWA）

日本滞在記　上　タウンゼント・ハリス（岩波文庫　岩波書店）

英国外交官の見た幕末維新　A・B・ミットフォード（講談社学術文庫　講談社）

大君の都（上・中・下）　R・オールコック（岩波文庫　岩波書店）

「鎖国」という外交　ロナルド・トビ（小学館）

江戸参府旅行日記　ケンペル（東洋文庫　平凡社）

ベルツの日記　改訳版（上・下）　エルウィン・ベルツ（岩波文庫　岩波書店）

海国日本の夜明け―オランダ海軍ファビウス駐留日誌　ファビウス（思文閣出版）

スイス領事の見た幕末日本　ルドルフ・リンダウ（新人物往来社）

明治維新の敗者たち　マイケル・ワート（みすず書房）

岩倉公實記　上巻・中巻・下巻　岩倉具視（原書房）

大西郷全集　第一巻・第二巻・第三巻　大西郷全集刊行會（平凡社）
島津斉彬言行録　島津斉彬（岩波文庫　岩波書店）
大久保利通文書（七）　大久保利通（東京大学出版会）
松平春嶽全集　松平慶永（原書房）
史談会速記録　合本二八　吉田常吉監修（原書房）
墨夷応接録　江戸幕府とペリー艦隊の開国交渉　森田健司（作品社）
小栗上野介忠順と幕末維新　高橋敏（岩波書店）
「築地ホテル館」物語　永宮和（原書房）
幕府歩兵隊　幕末を駆けぬけた兵士集団　野口武彦（中公新書　中央公論新社）
土方歳三日記（上・下）　菊地明編（ちくま学芸文庫　筑摩書房）
総覧『箱館戦争』　須藤隆仙（南北海道史研究会）
箱館戦争と榎本武揚　樋口雄彦（吉川弘文館）
咸臨丸航海長小野友五郎の生涯　藤井哲博（中公新書　中央公論社）
岩瀬忠震　小野寺龍太（ミネルヴァ書房）
幕末外交官―岩瀬忠震と開国の志士たち　岳真也（作品社）
江戸湾海防史　淺川道夫（錦正社）
浦賀奉行所　西川武臣（有隣堂）
浦賀与力　中島三郎助伝　木村紀八郎（鳥影社）
長崎海軍伝習所　藤井哲博（中公新書　中央公論社）
幕末の海軍　明治維新への航跡　神谷大介（吉川弘文館）
逆賊と元勲の明治　鳥海靖（講談社学術文庫　講談社）
外国人が見た幕末・明治の日本　森田健司（彩図社）

明治六年政変　毛利敏彦（中公新書　中央公論新社）
大久保利通　毛利敏彦（中公新書　中央公論新社）
西郷隆盛と士族　落合弘樹（吉川弘文館）
相楽総三とその同志　長谷川伸（講談社学術文庫　講談社）
秩禄処分　明治維新と武家の解体　落合弘樹（講談社学術文庫　講談社）
明治の国軍創設と兵士の反乱・農民の暴動　山崎善啓（創風社出版）
実録・天皇記　大宅壮一（だいわ文庫　大和書房）
乱　綱淵謙錠（中央公論社）
英国公文書などで読み解く江戸無血開城の新事実　山岡鉄舟研究会
幕末外交と開国　加藤祐三（講談社学術文庫　講談社）
世界を見た幕臣たち　榎本秋（洋泉社）
遠い崖―アーネスト・サトウ日記抄　江戸開城　萩原延壽（朝日新聞出版）
遠い崖―アーネスト・サトウ日記抄　岩倉使節団　萩原延壽（朝日新聞出版）
遠い崖―アーネスト・サトウ日記抄　大分裂　萩原延壽（朝日新聞出版）
遠い崖―アーネスト・サトウ日記抄　西南戦争　萩原延壽（朝日新聞出版）
福澤諭吉著作集　丁丑公論　瘦我慢の説　福澤諭吉（慶應義塾大学出版会）
「朝敵」から見た戊辰戦争　水谷憲二（歴史新書　洋泉社）
廃仏毀釈百年　佐伯恵達（鉱脈社）
神々の明治維新　安丸良夫（岩波新書　岩波書店）
オランダ風説書と近世日本　松方冬子（東京大学出版会）
日本人有名人の身体測定　篠田達明（ＫＡＤＯＫＡＷＡ）
「鎖国」という言説　大島明秀（ミネルヴァ書房）

武器と防具　幕末編　幕末軍事史研究会（新紀元社）
国益の検証　日本外交の百五十年　武田龍夫（サイマル出版会）
明治憲法の思想　日本の国柄とは何か　八木秀次（ＰＨＰ新書　ＰＨＰ研究所）
幕末の朝廷　若き孝明帝と鷹司関白　家近良樹（中公叢書　中央公論新社）
明治という国家（上・下）　司馬遼太郎（日本放送出版協会）
昭和という国家　司馬遼太郎（日本放送出版協会）
この国のかたち（一〜六）　司馬遼太郎（文藝春秋）
文明としての徳川日本　芳賀徹（筑摩書房）
徳川の国家デザイン　水本邦彦（小学館）
文明としての江戸システム　鬼頭宏（講談社）
文明開化　失われた風俗　百瀬響（吉川弘文館）
逝きし世の面影　渡辺京二（平凡社）
「大東亜共栄圏」の思想　栄沢幸二（講談社現代新書　講談社）
高松宮日記（第一巻、二巻、三巻）　高松宮宣仁親王（中央公論社）
高松宮と海軍　阿川弘之（中央公論社）
昭和精神史　桶谷秀昭（扶桑社）
東亜全局の動揺　松岡洋右（経営科学出版）
日本海軍４００時間の証言　ＮＨＫスペシャル取材班（新潮社）

著者略歴

原田伊織（はらだ・いおり）

1946年京都府生まれ。作家、歴史評論家。大阪外国語大学卒業後、広告代理店でマーケティング・プランニング、コピーライティングやTBS系列「赤いシリーズ」などの番組企画に携わる。2005年に私小説『夏が逝く瞬間』（河出書房新社）で作家デビュー。『明治維新という過ち』（毎日ワンズ・講談社文庫）が歴史書としては異例の大ヒット作となり、「明治維新論争」に火をつけた。その他の主な著書に、『列強の侵略を防いだ幕臣たち』『虚像の西郷隆盛 虚構の明治150年』『三流の維新 一流の江戸』（以上、講談社文庫）、『日本人が知らされてこなかった「江戸」』『知ってはいけない明治維新の真実』『昭和という過ち』（以上、SB新書）などがある。

真説《しんせつ》　幕末動乱史《ばくまつどうらんし》

狂気《きょうき》の勤皇思想《きんのうしそう》がもたらしたもの

2024年3月13日　初版第1刷発行

著　者　原田伊織《はらだいおり》

発行者　小川 淳

発行所　SBクリエイティブ株式会社

〒105-0001　東京都港区虎ノ門2-2-1

装丁・本文デザイン　下平 充（株式会社Jプロジェクト）

D T P　株式会社Jプロジェクト

校　正　有限会社あかえんぴつ

印刷・製本　中央精版印刷株式会社

本書をお読みになったご意見・ご感想を
下記URL、またはQRコードよりお寄せください。

https://isbn2.sbcr.jp/23951/

落丁本、乱丁本は小社営業部にてお取り替えいたします。定価はカバーに記載されております。本書の内容に関するご質問等は、小社学芸書籍編集部まで必ず書面にてご連絡いただきますようお願いいたします。

ISBN978-4-8156-2395-1